小学校

「探究的な学び」の授業デザイン

有松浩司
Arimatsu Koji

明治図書

はじめに

「授業で子どもたちを輝かせたい」

「自分でやりたいことを見つけ、進んで学びを深める子を育てたい」

「失敗を恐れず、思い切っていろいろなことにチャレンジしてほしい」


教師になって二十数年。

どうすればこのように子どもたちが育つのか、ずっと考え続けてきました。

そして、最近になってようやくその答えにたどり着いたような気がします。

その答えこそが、本書のタイトルになっている「探究的な学び」を充実させることです。


「探究的な学び」という言葉が一層注目を浴びるようになったのは、２０２０年に現行学習指導要領が完全実施されてからです。もちろん、それまでも教育活動において「探究」という言葉は存在していましたし、特に総合的な学習の時間においては、多くの学校現場で探究的な学びが展開されてきました。

それがここに来てなぜ注目され始めたのかというと、1つの要因として、社会情勢の大きな変化があげられるでしょう。

ご存じのように、これからは、単純作業などの業務を人工知能（AI）が代わりに行う時代です。そこで、次世代を担う人材には、AIでは代替できない感性、合意形成する力、目的を創造する力などの資質・能力が求められます。

では、これらの資質・能力は、どのような学びを経て育成されるのでしょうか。

教師の教え込みによる暗記や技能中心の学習では、到底これらの資質能力が育成されないことはご理解いただけると思います。こうした資質・能力を身につけるには、身の回りの事象や環境に興味をもち、自ら課題を見つけ、考え、判断し、主体的に問題を解決する探究的な学びの経験を積み重ねるしかありません。そして、その学習は、高等学校の探究学習から始めればよいわけではなく、小学校の段階から、そして総合的な学習の時間のみならず、すべての教育活動を通じて行う必要があります。

本書では、小学校における探究的な学びをデザインするうえで重要になる、基本的な考え方やキーワードなどについて解説します。そのうえで、各教科や総合的な学習の時間における探究的な学びの具体的な実践例を紹介します。

私自身も、読者の先生方と同じく、日々悩み、試行錯誤しながら教壇に立ち続けている公立学校の一教員です。あくまでも現場の視点から、可能な限り現場の言葉で、自分なりの解説を行っていきたいと思います。

さあ、本書を基に、探究的な学びについて理解を深め、さっそく明日からの授業改善に生かしていきましょう。そして、子どもたちが目を輝かせるような探究的な学びを、共に創っていきましょう。

２０２４年８月

有松浩司

もくじ

第3章 「探究的な学び」の実践事例

第1章　「探究的な学び」とは何か

「探究的な学び」とは何か

突然ですが、先生方のクラスの子どもたちは、日々探究しているでしょうか。

「探究していると言えばしているし、してないと言えばしてないかも…」

「授業を計画通り進めることで手一杯で、とても探究させている場合ではない」

「探究っていったい何？　そもそも探究的な学びってどうしても必要なの？」

このような思いをもたれた先生方も少なくないと思います。

結論から言うと、探究的な学びは間違いなく必要です。その理由については後述するとして、まず探究的な学びとは何かということを共有しておきたいと思います。

「小学校学習指導要領解説　総合的な学習の時間編」（文部科学省）では、「探究的な学習とは、**物事の本質を探って見極めようとする一連の知的営み**のことである」と示されています。要するに、教師が一方的に立てた問いの正解を探すのではなく、子ども自身が、自ら問いを立て、物事の本質（本当に大事な部分）をしっかりと探って明らかにしようとする学びの姿だと言い換えることができます。

一例をあげると、以前５年生の国語科で、漢字の成り立ちについて学習していたときに、ある子の非常に探究的な姿に出合うことができました。

授業では、いくつかの漢字を取り上げ、それぞれが象形文字（ものの形をかたどってできた漢字）、指事文字（形として表現しにくいものを点や線で表した漢字）、会意文字（２つ以上の漢字を組み合わせて別の意味を表した漢字）、形声文字（「意味を表す部分」と「発音を表す部分」を組み合わせてできた漢字）に類別されることを学習しました。授業としてはそれで終了でしたが、その子は、「他の漢字についても調べてみたい」ということで、早速様々な漢字の成り立ちについて本を使って調べ、ノートにまとめていました。

ここまでだと一般的な「調べ学習」ということになりそうですが、この子のすごいところは、「象形・指事・会意・形声のうち、一番多いのはどの漢字なのか？」という疑問をもち、さらに追究した結果、形声文字が最も多いことに自力で気づいたことです。すると今度は、「なぜ形声文字が最も多いのか？」という問いを自らに投げかけ、「おそらく象形・指事・会意だけではつくることのできる漢字に限界がある。形声という方法を取り入れることで、たくさんの漢字をつくることができたのではないか」という答えを導き出していました。さらには、「なぜ昔の人はこんなに努力をしてまで、新しい漢字をつくり続けたのか」という問いをもち、当時の人の思いまでを深く考えようとしていました。

当時の私の学級では、帰りの会で日直のスピーチ活動を取り入れていたのですが、私からの勧めもあり、その子が自分の調べた漢字の成り立ちや先人の努力、そして漢字文化のすばらしさについて、一生懸命友だちに説明していたのをよく覚えています。まさに私たちが目指すべき、探究的な学びの姿がそこにあったと確信しています。

ここまで説明すると、「あれ？　それは国語科の話だよね。探究的な学びって、総合的な学習の時間のことではないの？」と思われた方もいらっしゃるでしょう。

実は、探究的な学びというのは、決して総合的な学習の時間のみで展開されるものではありません。先に示した「小学校学習指導要領解説　総合的な学習の時間編」にも、探究的な学びは、総合的な学習の時間を充実させるためだけでなく、他教科等の見方・考え方を結びつけて総合的に活用することが明記されています。また、各教科等の学習指導要領にも、各教科等の見方・考え方を、習得・活用・探究という学びの過程の中で働かせることを通じて、より質の高い学びにつなげることの重要性が示されています。

では、その探究的な学びを、もう少し子どもたちの具体的な姿で整理していきましょう。

「小学校学習指導要領解説　総合的な学習の時間編」には、「探究的な学習における児童の学習の姿」として、次のような一連の学習過程が示されています。

①日常生活や社会に目を向けた時に湧き上がってくる疑問や関心に基づいて、自ら課題を見付ける。（課題の設定）
②そこにある具体的な問題について情報を収集する。（情報の収集）
③その情報を整理・分析したり、知識や技能に結び付けたり、考えを出し合ったりしながら問題の解決に取り組む。（整理・分析）
④明らかになった考えや意見などをまとめ・表現し、そこからまた新たな課題を見付け、更なる問題の解決を始める。（まとめ・表現）

さらに、これらの問題解決的な学習活動は発展的に繰り返され、この①～④を固定的に捉える必要はなく、活動の順序が入れ替わったり、ある活動が重点的に行われたりすることは当然起こり得るとも述べられています。

この学習過程はあくまでも総合的な学習の時間をイメージしてつくられていますが、各教科等の探究的な学びにも、十分活用できるものであると言えるでしょう。

「探究的な学び」はなぜ必要か

「探究的な学びがどのようなものであるかはわかった。そして、探究的な学びは、総合的な学習の時間のみならず、すべての教育活動で行われるべきものであることもわかった。でも、探究的な学びは本当に必要なのか？」という疑問をもたれている方も少なくないと思います。

確かに、探究的な学びを日々の授業の中に取り入れようとすると、非常に多くの時間を費やします。子ども一人ひとりが、自らの課題を見いだし、情報を集め、整理・分析のうえ、まとめて表現するわけですから、それを支援する教師も、決して楽ではありません。しかも、教えなくてはならない学習内容は、どの教科も盛りだくさんであることから、「探究をさせる暇があれば、教科書の内容をいち早く終わらせたり、学習内容の習熟を図ったりすることに重点を置きたい」といった気持ちもよくわかります。

それでもあえて声を大にして言いたいのは、**探究的な学びは絶対に欠かせない、絶対に欠かしてはいけない**ということです。

その理由を説明する前に、少し私の体験談にお付き合いください。

先日、学生時代の同窓会に参加したときのことです。過去数年間、コロナ渦でなかなか集まれなかったこともあり、懐かしい面々と非常に楽しい時間を過ごすことができました。同級生の中で、学校現場で勤務しているのは私ぐらいのもので、みな一般企業や自営業など、様々な職種で活躍されているとのことでした。その中で、ある同級生の友人から、こんな言葉が発せられました。

「学校で勉強したことって、正直、社会に出るとほとんど役に立たないよね」

まわりの友人たちがみなうなずく中、教育者の私としては、非常に耳の痛い話でした。それと同時に、この言葉こそが、私たち教育者が真摯に向き合わなければならない大きな問題であると強く感じました。

私が小学生や中学生のころは、探究的な学習はおろか、自ら課題を見つけたり、自ら追究したりした学習は、夏休みの自由研究ぐらいで、学校生活ではほとんど存在しなかったように記憶しています（総合的な学習の時間が新設された平成10年には、私はすでに大学に進学していました）。授業は暗記や計算などの技能習得が中心で、どれだけ多くの知識や技能を身につけているかが重要視されていました。

もちろん、これらの学習が今の私にとってまったく役に立っていないかと言えば、決してそんなことはありません。事実、勉強を重ねてきたからこそ、無事進学することができ、今こうして教職の道を歩み続けることができています。

しかし、友人が言ったことも的を射ていると言わざるを得ません。当時一生懸命身につけた知識は、今現在、パソコンやスマートフォンがあれば、簡単に調べることができます。様々なソフトウェアが開発された現在、計算などの技能も同様です。その友人曰く、社会に出て本当に必要なのは、創造力や行動力、コミュニケーション力などだそうです。これらは今まさに、私たちが子どもたちに身につけさせようとしている資質・能力そのものだと言えるでしょう。

社会は日々、刻々と変化しています。今の子どもたちが社会に出るころには、言われたことを言われたようにこなすだけの仕事やルーティーンの仕事は、すべてＡＩ（人工知能）がその役を担うと言われています。そして、そのような時代において求められる人材は、自ら課題を見いだすことのできる人であり、今までになかった新しいものをつくることができる人、そして他者とコミュニケーションを図りながら作業を協働的に進められる人なのです。だからこそ、探究的な学びは、決して欠かしてはいけないのです。

子どもの学びを3つに分類し、探究的な学びの時間を確保する

ここまで、探究的な学びとは何か、そして探究的な学びがなぜ必要かという点について論じてきました。しかし、授業時数は限られているため、いくら探究的な学びが重要だとわかっても、「探究に費やす時間が足りない」という根本的な問題は解決していません。

そこで大切なのが、学びを次の３つに分類し、無理なく進めていくことだと考えます。

①単元全体を探究的な学びとする（主に総合的な学習の時間、生活科）
②単元の一部を探究的な学びとする（主に各教科）
③単元もしくは１時間の授業の中に探究的な学びを取り入れない（各教科）

学習指導要領の解説にも明記されているように、**総合的な学習の時間においては、①に示したように、単元全体を探究的な学びとする必要があります**。子どもたちの生活の中から生まれる様々な問題や疑問を基に学びを展開する低学年の生活科も同様です。

一方で、国語科や算数科、社会科などの教科はどうでしょうか。教科そのもので獲得させなければならない知識や技能、思考力、判断力、表現力等が非常に多く、すべてを探究的な学びに当てはめようとすると、学習すべき内容を網羅するのが困難になります。

例えば、社会科の歴史学習で、単元の冒頭から「江戸時代について、自分が興味あることを自由に調べてごらん」と展開するとどうでしょうか。当時の生活の様子や活躍した人物など、子どもたちが自由に探究する姿が見られることでしょう。しかし、江戸時代に関して身につけさせるべき知識や考えさせるべきことは他にも多数あります。探究的な学びで子どもたちが触れなかった部分を、結局教師が一方的に教え込んで終わらせるのであれば、その進め方には改善の余地があるということになるでしょう。

そこで、**生活科を除く各教科に関しては、②の単元の一部を探究的な学びとする方法がおすすめ**です。例えば、先に示した歴史学習の例で言えば、単元の前半は江戸の文化や学問について教科書にある内容を確実に押さえる、そして単元の後半で「江戸時代の人々のくらし、文化、学問など、他にも興味があることを調べてみよう」と展開します。こうすれば、指導すべき事項を確実に押さえられますし、習得・活用・探究という学習の流れを踏まえ、深い学びを生み出すことも実現できます。

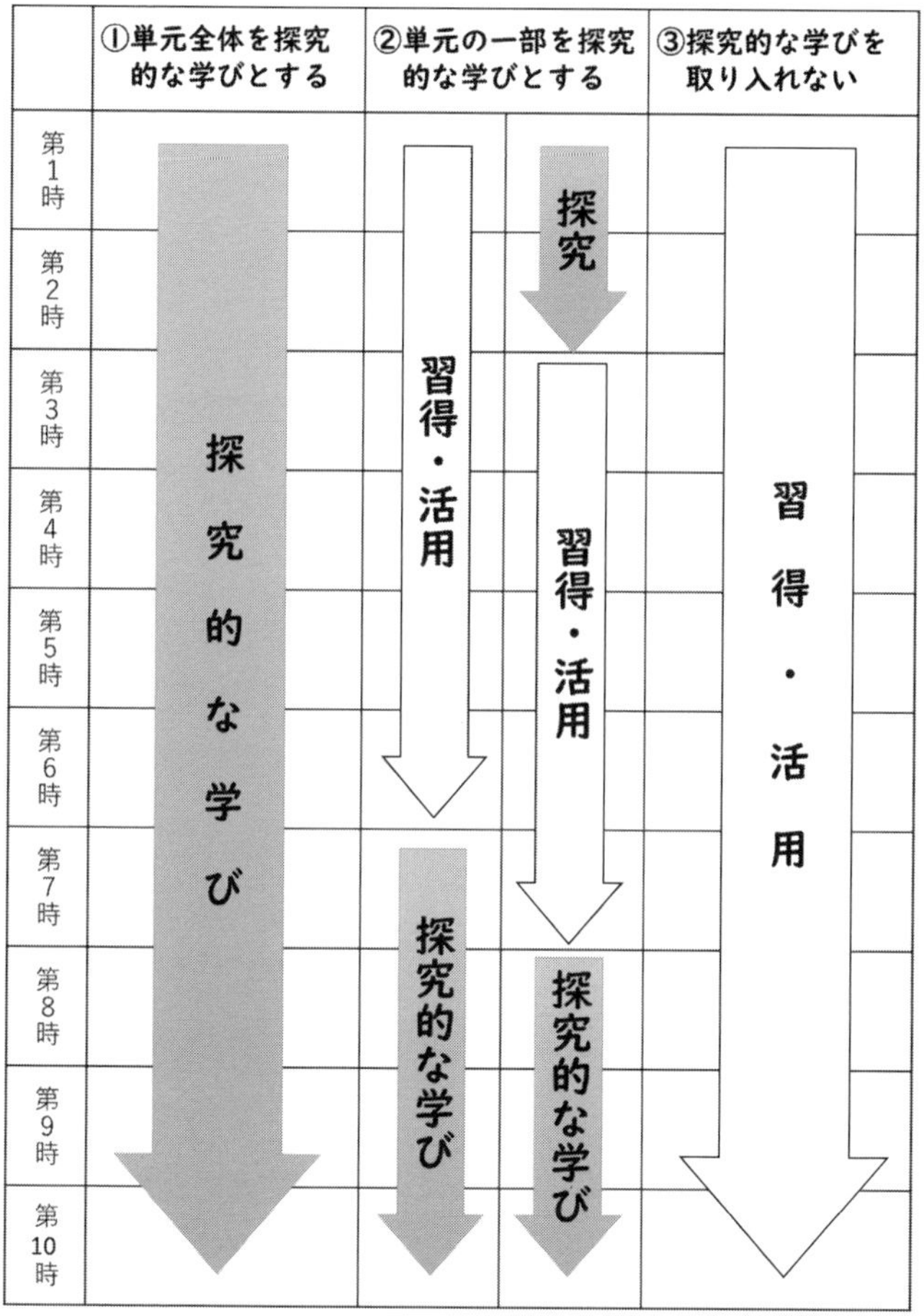
①単元全体を探究的な学びとする
②単元の一部を探究的な学びとする
③探究的な学びを取り入れない
第1時
第2時
第3時
第4時
第5時
第6時
第7時
第8時
第9時
第10時
探究的な学び
習得・活用
探究
習得・活用
探究的な学び
探究的な学び
習得・活用

※③の習得・活用型の学習においても，子どもに問いをもたせる，アウトプットの場を設けるなど，探究を意識した指導の工夫は必要。

また、単元の冒頭で子どもたちと一緒に課題を共有し、後半の探究を意識させたうえで学習を進めていくという方法もあります。例えば、国語科で「オリジナルの物語を創作する」というゴールを単元の冒頭に設定します。そして、教科書教材を「おもしろい物語を書くうえで大切なこと（目のつけどころ）は何か」という視点で読み深めます。この場面は、習得もしくは活用型の学習となります。単元の後半では、学習したことを生かしながら、新たに創作活動のヒントとなる作品を探して読み深めたり、オリジナルの物語を創作したりする探究的な学びを進めていきます。このように、探究を単元冒頭から意識させておけば、子どもたちが目的意識をもって教科の学びを深めていくことができます。

最後に③についてですが、**あえて探究的な学びを取り入れないということも重要なポイント**です。実際私自身も、単元全体、もしくは単元の一部を探究的な学びとするのは、1つの教科につき、各学期に1～2つ程度です。その他の単元については、習得・活用型の学習を短時間で効率的に進め、探究にあてる時間を多めに確保するようにしています。

このように、子どもたちの学びを①～③に分類し、探究的な学びとそうでないものを明確にして授業を進めていけば、無理なく探究的な学びを実施できます。次章からは、探究的な学びをデザインする方法やポイントをより具体的に解説していきます。

第2章　キーワードで見る「探究的な学び」

1 PBLを踏まえた4つの学習モデル

PBLとは何か?

「探究的な学びがどんなものかはわかった。さぁ、探究的な学びのカリキュラムをデザインしていこう」。そう思ったものの、いざ授業を構想しようとすると、なかなかイメージが浮かびにくい方も多いと思います。そこでまずは、探究的な学びのカリキュラムをデザインするうえで欠かせない「PBL」について解説を行おうと思います。

PBLとは、アクティブ・ラーニングを促す手法の1つで、「プロブレム・ベースド・ラーニング」（問題解決型学習）と、「プロジェクト・ベースド・ラーニング」（プロジェクト型学習）という異なる2つの意味をもっています。

「プロブレム・ベースド・ラーニング」（問題解決型学習）は、子どもたちが日常的な問題や課題に直面し、試行錯誤しながら解決を目指す中で学びを深めていく学習法です。

「プロジェクト・ベースド・ラーニング」（プロジェクト型学習）は、授業における子どもたちの学びを「プロジェクト」として組織し、自分たちの抱いたビジョンに向かって試

問題解決型学習

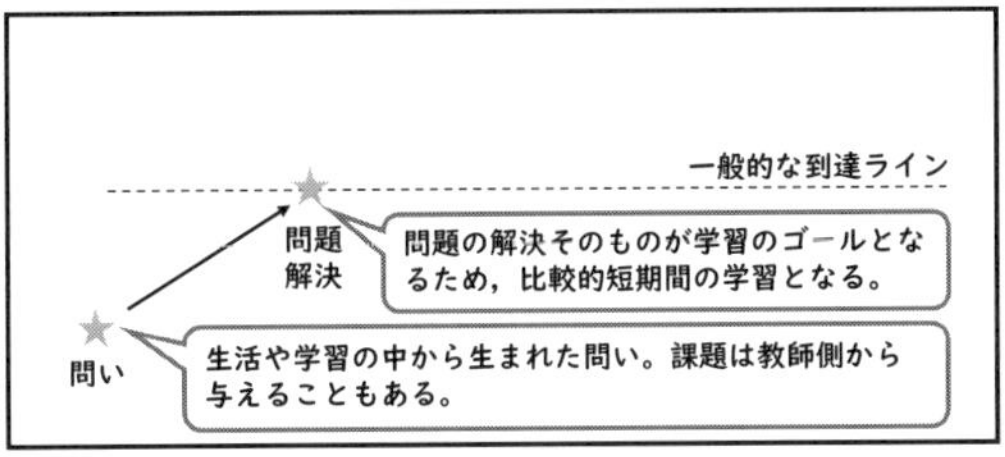

プロジェクト型学習

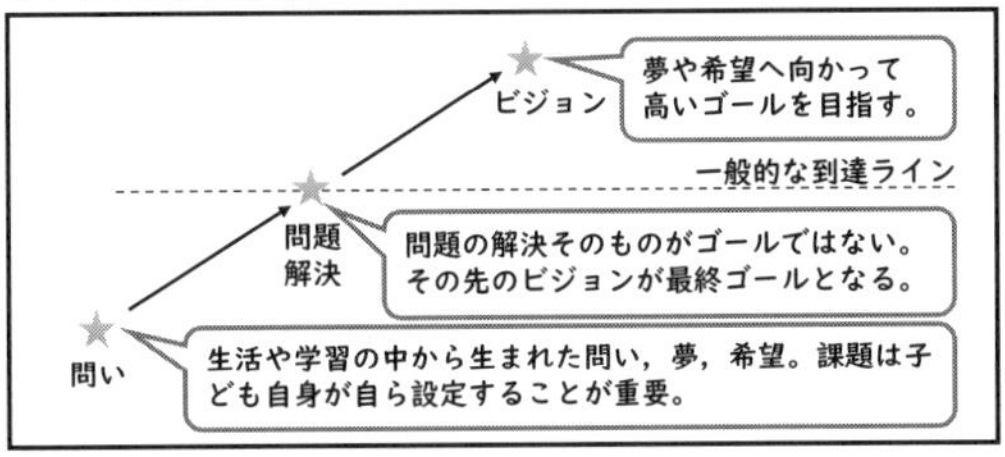

行錯誤しながら達成を目指す学習法です。

　どちらも子どもたちの問いを起点とし、試行錯誤させながら学びを深めるという点では同じですが、あえて違いをあげるなら、子どもたちの目の前にある問題を解決することそのものをゴールとするのが前者で、問題の解決だけでなく、夢や希望に向かって、長期的に、自分たちのビジョンを実現することをゴールとするのが後者と言えるでしょう。

　探究的な学びとＰＢＬの相関は難しいところですが、今現在の私は、広義の探究的な学びの中にＰＢＬが含まれると捉えています。

子どもが本気・夢中になる４つの瞬間

　このＰＢＬを踏まえて、子どもたちがどんなときに問題を解決したいと思うのか、またどんな場面で夢や希望をもち、自分たちのビジョンを実現したいと思うのか、「子どもが本気・夢中になる瞬間」を考えてみましょう。私は、これまでの教職経験から、子どもたちがこのような状態になるのは、主に次の4つだと考えています。

①知的好奇心が刺激されたとき（もっと知りたい！ 調べたい！ わかりたい！）

日々授業をする中で、多くの先生方がこうした子どもたちの姿に出会うことがあると思います。例えば、社会科の歴史の学習で、ある時代の人々の生活について学習した後、「先生、もっと他のことも調べてみましょう」といった声が上がることがあります。算数科で九九のきまりを見つけた際、「他のきまりも探してみたい！」と子どもたちが自然と動き出すことがあります。子どもにはもともとこうした知的好奇心が備わっています。こうした知的好奇心を満たそうと動き出す子どもたちの姿は、日々多く目にするものです。

②解決しなければならないような困った状態に陥ったとき（何とかしたい！）

一番わかりやすいのが生活科かもしれません。育てている野菜がうまく成長しないとき、飼育している生き物が弱ってきたときなど、子どもたちは目の前に訪れた危機をなんとか乗り越えようと本気になります。総合的な学習の時間でも、当初の計画通りにうまくいかないとき、慌てたようにスイッチが入る子がいるのもその一例でしょう。

③自分の夢・目標を実現させたいとき（○○してみたい！　できるようになりたい！）

多くの子どもたちが「やってみたい」「できるようになりたい」「こんな自分になりたい」という夢や目標、熱い思いをもっています。例えば、音楽科で上手な演奏を見た子どもたちは、自分もこんな演奏ができるようになりたいと目を輝かせます。国語科でおもしろい物語に出合った子どもたちは、自分も物語を書いてみたいという夢を抱きます。

④だれかのためになるとき、何かに貢献したいとき（○○のために力を尽したい！）

案外忘れがちですが、子どもはだれかの役に立ちたい、何かに貢献したいという思いを強くもっています。普段は真面目に勉強しないのに、下級生のためとなると張り切って活動し始める子に出会ったことはないでしょうか。地域の幼稚園や保育所の子どもたちが遊び道具が少なくて困っている、お年寄りが話し相手を欲している、市が地域の空き家の使い道を模索している、地域の人口減少が加速しているなど、学校や社会の困り感を目の当たりした子どもたちは、「自分たちが救いたい」「何とかしたい」と動き始めます。

探究的な学びの4つの学習モデル

2つの意味合いをもつPBLの視点、そして子どもが本気・夢中になる瞬間を踏まえて考案した、探究的な学びの4つの学習モデルをお示しします。

A　知的欲求満足型学習（主として問題解決型学習）

学習活動に何かしら大きな目的（ビジョン）があるわけでなく、純粋におもしろいから、知りたいからという理由で知的好奇心を満たすために取り組む学習モデル。

例　自分の興味のある漢字の成り立ちについて調べる（国語科）
　　自分の興味のある歴史上の人物について調べる（社会科）

B　危機乗り切り型学習（主として問題解決型学習）

生活や学習の中で訪れる危機的な問題を乗り切るために、試行錯誤しながら解決に取り組む学習モデル。

例　思うように育たない野菜をどうすれば育てられるか試行錯誤する（生活科）

C　夢・希望実現型学習（主としてプロジェクト型学習）

「やってみたいこと」「なりたい自分」など、自分にとって「夢」「希望」があり、それを実現させようと必死になって取り組む学習モデル。

例　新しい物語を創作する（国語科）
　　野外活動や修学旅行を企画・実行する（総合的な学習の時間、学級活動）

D　学校・地域貢献型学習（主としてプロジェクト型学習）

学校のためになることをしたい、地域に貢献したい、だれかを喜ばせたいといった、だれかのために貢献することを目的とした学習モデル。

例　来年度入学児童のために交流会や学校紹介ＤＡＹを企画する（生活科）
　　地域の特産物をＰＲし、地域の観光客増加に貢献する（総合的な学習の時間）

教材の特性に合わせて、この４つの学習モデルの中から最も適切な型を選択し、探究的な学びをデザインすることが大切です。

発達段階に応じて4つの学習モデルを使い分ける

4つの学習モデルは、教材の特性だけでなく、発達段階に応じても使い分けることが大切です。

夢・希望実現型学習
・自分で野菜を育ててみたい!

⇦

知的欲求満足型学習
・どうすれば野菜が育つのかを知りたいな!

⇦

危機乗り切り型学習
・野菜がうまく育たない…どうしよう。
・どうすればうまく育つのかな?

⇦

・うまく育ってよかった!(夢・希望の実現)

⇦

学校地域貢献型学習
・お世話になった地域の方に恩返ししたいな!
・自分たちでおもてなしの会を開きたいな!

まず低・中学年では、長期的なビジョンをもつことが難しいことから、目の前の問題に応じて、その都度学習モデルを柔軟に変化させていく方法が有効です。

例えば、生活科で野菜を育てる場合を例に考えてみましょう。単元の前半では、子どもたちは純粋に野菜づくりがおもしろそうと思って取り組むことから、この段階では知的欲求満足型学習もしくは夢・希望実現型学習と言えそうです。しかし、野菜がうまく育たないと危機感を感じ、なんとかしようと動き始めるため、危機乗り切り型学習に移行していきます。さらに、育てた野菜をだれかにプレゼントしたいと思えば、学校・地域貢献型の学習へと移行していくでしょう。

学校・地域貢献型学習
・地域の特産物を生かした弁当を開発したい！
・地域を有名にして活性化させたい！
⇦
・地域の特産物の情報を集めよう！
⇦
・地域の特産物を生かした弁当のおかずを考えよう！
⇦
・試作段階を校長先生や教頭先生に評価してもらおう！
⇦
危機乗り切り型学習
・ありきたりと言われてしまった…。どうしよう…。どうすればもっと魅力的な弁当になるかな？
⇦
・お弁当完成！　完成披露会に向けて、準備をしよう！
⇦
・完成披露会でお弁当を披露し、地域の特産物の良さを伝えよう！

このように、1つの学習活動でも様々な型になり得ることを認識しておくことが大切です。

一方、高学年の子どもたちは「ふるさと弁当を開発して地域に貢献したい」「自分たちの歴史資料館をオープンさせて地域の歴史を広めたい」といった、より長期的なビジョンをもつことができるようになります。そこで高学年（主に総合的な学習の時間）では、単元全体を通して、夢・希望実現型学習もしくは学校地域貢献型学習などを一貫して進めていきます。ただし、ビジョンに向かう中で、当然様々な問題が起こります。その場合は、危機乗り切り型学習が必然的に行われることになるでしょう。

私はいつもこの4つの学習モデルを念頭に置きながら、探究的な学びをデザインしたり、授業を臨機応変に改善したりしています。ぜひ先生方にも活用いただければと思います。

2　教材選定

探究的な学びを生み出す教材の条件

前節では、ＰＢＬと探究的な学びを生み出す４つの学習モデル（知的欲求満足型、危機乗り切り型、夢・希望実現型、学校・地域貢献型）について説明しました。探究的な学びの大まかなイメージの次に考えるべきことは、どんな教材で探究的な学びを生み出すかです。

私は、小学校の探究的な学びに適した教材の条件として、次の４つを考えています。

①子どもたちが「おもしろそう」「やってみたい」と思える魅力的な教材であること

探究的な学びの教材の絶対条件といってよいでしょう。どんなに大切な内容でも「おもしろい」「やってみたい」といった知的好奇心、探究心を生み出すものでなければ、子どもたちの意欲は持続しません。もちろん、子どもたちの知的好奇心や探究心を生み出すように様々な工夫、働きかけが必要です。この点については次節以降で詳しく解説します。

②子どもたちの実体験・追体験が期待できる身近な教材であること

身近な教材であることも、小学校においては大切な条件です。

以前、総合的な学習の時間に、世界の環境問題を教材として扱ったことがありますが、この教材選定は失敗であったと言わざるを得ません。子どもたちは図書資料やインターネットで様々な環境問題を調べ、レポートにまとめましたが、調べたことを報告するだけの活動に終始してしまい、物事の本質を探って見極めようとする、探究的な学びの姿はそこにはなかったように記憶しています。

そうなってしまった原因は、「世界の環境問題」というテーマが、小学生にとってあまりに遠過ぎたからだと考えます。同じ環境問題を扱うにしても、地域の環境問題を教材化し、現地調査や聞き取り調査を仕組んだり、自分たちにできる環境保全活動を考え、実行させたりした方が、より探究的な学びを生み出すことができたはずです。

③子どもたち一人ひとりが自分で選択・決定する余地のある教材であること

選択・決定する余地のある教材であることも、探究的な学びを生み出す必要条件です。

例えば、総合的な学習の時間に、地域の特定の神社や寺を1つだけ取り上げるとします。

クラス全員が同じものを取り上げるわけですから、当然子どもたちが選択・決定する余地はありません。得られる情報も、全員が同じになるでしょう。そうなると、お互いに情報を伝え合う必然性も少なくなりますし、仮に異学年や保護者、地域の方などに発信する場を設けたとしても、全員の発表がほぼ同じものになることは言うまでもありません。

一方で、「地域の歴史・偉人」というように、教材の幅を少し広げてみるとどうでしょうか。地域の史跡を調べる子、偉人を調べる子、歴史的な出来事を調べる子など、選択・決定の幅が広がることが予想されます。そうすれば、集めた情報を交流したり、進捗状況を報告したり助言したり、といった活動に必然性が生まれ、一層学びが探究的になることが期待できます。それゆえ、教材を選定する際は、可能な限り、子どもたちの選択肢が多いものを取り上げることが得策と言えるでしょう。

④新しい問いが次々と生み出される教材であること

第1章で、探究的な学びは問題解決的な学習が発展的に繰り返されることが大切だと述べました。ということは、1つの答えにたどり着いて、それで完結してしまうような教材は、探究的な学びには不向きであるということになります。

例えば、解決方法が1つ、答えも1つというような算数科の教材（問題）は、習熟を図るうえでは必要ですが、探究的な学びには適していません。一方で、その問題を解くことで、新たな疑問が浮かんでくる、新たにやってみたいことが見えてくるような教材は、探究的な学びに適していると言えます。

以前6年生の算数科で線対称を学習した際、すぐさま子どもたちが「身近なものの中にも線対称な図形がたくさんあるよ」と言い出しました。子どもたちは早速タブレット端末を持って学校中を巡り、いろいろな線対称なものを撮影していました。また、その日の自主学習では、多くの子が家の家具や道路標識など、様々な線対称を見つけてノートにまとめていました。さらに翌日には、子どもたちの希望で線対称の模様づくりを行いました。

こうした学習を踏まえ、ある子が「線対称のよさって何なのかな?」とつぶやきました。「ぱっと見てわかりやすい」「一部（半分）が隠れていてもイメージできる」「だから標識やマークに多く使われるのかな」といったやりとりが生まれました。

このように、次々と新たな問いややってみたいことが生まれる教材こそ、探究的な学びに適した教材と言えるでしょう。

以上、探究的な学びに適した教材の条件を説明しました。これらの条件を満たす教材を見つける眼力が教師には求められます。

総合的な学習の時間における教材例

次に、自校でカリキュラムを決定する総合的な学習の時間の教材に焦点を当ててみます。読者の先生方の学校にもすでにカリキュラムが存在していると思いますが、新しいカリキュラムを設定する場合やカリキュラムの一部を変更する場合に参考にしてください。

【もの、人】

地域のもの（店や施設、寺社など）や人（地域の名人さん）。3年生の社会科の町探検と関連させながら行うのがおすすめ。

【歴史】

地域の歴史。特定の時代を取り上げてもよいし、それぞれの時代にまつわる出来事などを調べてもよい。社会科で歴史を学ぶ6年生におすすめの教材。

【自然、環境】

山、川、海などの地域の自然、またはそれらにまつわる環境問題。地域の自然環境を調査したり自然保護啓発活動につなげたりするなどの学習が考えられる。

【食】

地域の食材（特産物）や食に関する問題。その食材をPRしたり、それらを使って新しい料理を考案したりする活動を仕組むとおもしろい。食品ロスなど、身近な食の問題を取り上げるのもおすすめ。

【伝統・文化】

地域の伝統や文化、またそれらを継承する人たち。ただ調べるだけでなく、地域の一員として、伝統や文化を守り、受け継ごうとする活動を計画する。

【福祉】

地域の高齢者とその暮らしを支援する仕組み。地域の高齢化問題を調べたり高齢者施設を訪問したりして、よりよい福祉を創造するための取組を考える。

【防災】

防災のための安全な町づくり。地域で過去に起きた自然災害を調べる、学校や地域の危険な箇所を調べる、簡単な防災グッズや非常食づくりに挑戦する、防災フェスタを開催するなど、災害に備えた安全な町づくり、学校づくりに全員で取り組む。

【観光】

地域の観光資源。地域にある程度の観光資源がある場合におすすめ。観光客を呼び込むという目的で、情報発信に焦点を当てて学習を進める。パンフレットをつくって駅などの施設に置かせていただいたり、ＰＲ動画を作成してＳＮＳで発信したりする活動がおすすめ。

【地域再生】

人口減少の対策、商店街の再生など。問題点を探るところから学習をスタートし、具体的な対策を考え、実行する。「観光」であげたように、町を活性化させるという目的で、地域のＰＲ活動につなげるという方法もある。

【職業人、キャリア】

地域の職業人や自身のキャリア。「もの、人」とやや重なるが、地域で働く様々な職業の人に焦点を当てて学習を進める。仕事の内容だけでなく、その職業に就こうとしたきっかけや過去に体験した様々な困難などについても調査する。その学習を踏まえて、自分の将来について深く考える機会を設ける。

【国際理解】

世界の国々の伝統や文化。ただ図書資料やインターネットで調べるだけでなく、地域に暮らす外国人との交流を図ったり、国ごとのブースに分かれた「○○小学校万国博覧会」などを開催したりする。「ものづくり」と関連させて、世界の国々で有名な工芸品づくり、スイーツづくりなどを計画するのもおすすめ。

【ものづくり】

家庭や学校、地域生活に役立つものづくり。お金を多くかけずに、身近な材料でつくるのがポイント。家庭や学校、地域でいらなくなった廃材などのリサイクル活動もおもしろい。

総合的な学習の時間における教材例と学習例をいくつか紹介しましたが、「自校でもこの教材はいける！」というものが見つかったでしょうか。自校の特色、地域の特色、子どもたちの実態に合ったものを選択し、カリキュラムの開発、改善に生かしていただければと思います。

3　育てたい資質・能力の設定

まずは目指す子どもの姿（資質・能力）を明確にする

単元のイメージができ、かつ扱う教材も決まりました。次は、すぐにでも単元の構想に移りたいところですが、ここでもう1つ確認しておかなければならないことがあります。それは、先生方の学校で育てたい資質・能力はどのようなものか、ということです。

もしも学級担任であるならば、まずは所属校で育てようとしている資質・能力が何であるかを確認することから始めましょう。というのが、育てたい子どもの姿が明確になっていなければ、「活動あって学びなし」のカリキュラムに陥ってしまう危険性があるからです。「○○という資質・能力を育てたいから、△△という学習を仕組む」というように、まずは子どもたちの最終的な理想ともいうべき姿を所属校で確認し、逆思考で単元を構想していくことが大切です。

一方、校内の研究リーダーであるならば、自校で設定している資質・能力が本当に適切であるかを見直すことから始めてもよいかもしれません。もしも、資質・能力が自校の子どもたちに適していない場合や抽象的過ぎて具体性に欠けている場合は、校内の先生方がより使いやすいものになるように改善を図る必要があります。

本書の目的はあくまでも探究的な学びの具体を示すことであり、資質・能力についての解説は簡単なものにとどめますが、これから資質・能力を設定、もしくは改善しようとされている先生方に向けて、少しポイントを整理します。

①資質・能力は「三つの柱」を基に設定する

ご存じのように、現行の学習指導要領では、子どもたちに必要な力として「知識及び技能」「思考力、判断力、表現力等」「学びに向かう力、人間性等」の「三つの柱」が示されています。各教科の場合は、指導すべき内容がこの三つの柱を基に構成されているので、それほど悩む必要はありませんが、特に総合的な学習の時間の場合は、この三つの柱を基に、自校で育てたい資質・能力を具体化していかなければなりません。

各校によって実態が異なるため、どれが最適というものはありませんが、例えば次のようなものがあげられます。

【知識及び技能】
地域のものや人に関する知識、学び方に関する知識、ＩＣＴ活用技能　など
【思考力・判断力・表現力等】
課題を発見する力、情報を収集する力、情報を整理・分析する力、情報をまとめ、表現する力　など
【学びに向かう力、人間性等】
主体性、協働性、自己理解、他者理解、将来を設計する力、社会に参画する態度　など

ここにあげたのはあくまでも一般的なものであり、学校や地域の実態に応じて、より独自性の強い資質・能力を設定する場合もあります。例えば、私の以前の勤務校では、ものづくりを1つの活動の柱としていたため、新しいものを生み出す力としての「創造する力」、常にアップデートを心がける「改善する力」などを設定していました。どのような資質・能力を育成するか、各校の実態に応じてしっかりと考えていく必要があります。

②設定した資質・能力を発達段階に応じて系統立てる

育てたい資質・能力が決まったら、次は発達段階に応じて、系統立てる必要があります。例えば、「表現する力」とひと口にいっても、1年生と6年生では、当然子どもたちに求める資質・能力は異なるはずです。1年生の段階では、事前に練習した通りに説明ができればそれで十分でしょうが、6年生の段階になると、よりわかりやすく、かつ相手の反応をうかがいながら説明する力が求められます。このように、それぞれの発達段階で、どのような資質・能力が身につけばよしとするのか、具体的に考えていく必要があるでしょう。

また、発達段階をどこで区切るかですが、私が個人的におすすめするのは、低学年・中学年・高学年の3段階です。学年ごとに6段階で整理すると、あまりに細か過ぎて、指導が追いつかなくなる可能性があります。2年生、4年生、そして6年生が終わるまでに全員に身につけさせたい資質・能力として整理すれば、ゆとりをもって、子どもたちに成長を促すことができます。それら整理した系統表を作成しておけば、評価が非常に行いやすくなります（評価に関しては、本章の12節で解説しているので参照してください）。

次ページから、私が研究リーダーを務めていた際に作成した系統表を示すので、参考にしていただければと思います。

中学年（3・4年生）	高学年（5・6年）
地域のもの・人・ことにはどんな特徴があるのかを理解する。	地域のもの・人・ことが，自分とどのような関わりがあるのかを理解する。
調査活動を，目的や対象に応じた適切な方法で実施することができる。	調査活動や表現活動を，目的や対象に応じた適切な方法で実施することができる。
タブレット端末を用いて，簡単な文書作成やプレゼンテーション資料の作成ができる。	タブレット端末を用いて，目的や対象に応じた文書作成やプレゼンテーション資料の作成ができる。
みんなで集めた疑問や課題の中から，自分自身で追究したいことを選択・決定することができる。	課題解決に向けて，様々な企画を立てるとともに，自分自身で追究したいことを決定することができる。
本やインターネットで見つけた情報，聞き取り調査したことなどを，大事なことを落とさないように記録できる。	情報の発信元や情報の真偽を確かめながら要点をまとめて記録したり複数の情報源に当たったりすることができる。
集めた情報の共通点や相違点を見つけ，自分の課題解決に必要な情報を選択することができる。	集めた情報を比較し，共通点や相違点を探る中で，その傾向や特徴を自分なりに分析できる。
調べたことや自分の考えたことについて，文書やプレゼンテーションなどの方法から選んでまとめることができる。	文書やプレゼンテーションなどの方法から選んでまとめ，相手の共感を促したり説得したりすることができる。
自分が選択した課題に進んで挑戦し，失敗してもくじけることなく，最後までやり遂げようとする。	自分が決定した課題に進んで挑戦し，失敗しても進んで改善を図り，最後までやり遂げようとする。
相手意識をもって自分の考えを伝えたり相手の考えに共感したりしながら，活動を進めようとする。	多様な意見を出し合い，お互いが納得しているかどうかを常に確認し，協力しながら活動を進めようとする。
活動を振り返る中で，自分ができるようになったことに気づくとともに，今後の自分の目標を具体的に見いだす。	活動を振り返る中で，自分や友だち，地域，様々な産業のよさに気づき，学校や地域，社会に貢献しようとする。

		低学年（1・2年生）
知識及び技能	地域のもの・人・ことに関する知識	地域にはどんなもの・人・ことがあるのかを理解する。
	学び方に関する知識・技能	学習を進めるうえで必要となる基本的な調べ方，まとめ方などを理解する。
	ＩＣＴ活用技能	タブレット端末を自分で起動し，絵をかいたり写真を撮影したりできる。
思考力・判断力・表現力等	課題を発見する力	人や自然などと直接関わる中で，気づきや疑問を見つけることができる。
	情報を収集する力	本の中から見つけたことや聞き取り調査したことなどを，ノートやワークシートに正しく書き写すことができる。
	情報を整理・分析する力	集めた情報の中から，自分の課題解決に必要な情報を選択することができる。
	まとめ・表現する力	調べたことや自分の考えたことについて，言葉・絵・図などの方法から選んでまとめることができる。
学びに向かう力、人間性等	挑戦する力 やり遂げる力	与えられた課題に進んで挑戦し，失敗や困難にくじけることなく，最後までやり遂げようとする。
	協働する力	相手に自分の考えを伝えたり，相手の考えを聞いたりしながら，協力して活動を進めようとする。
	振り返る力	活動を振り返る中で，自分ができるようになったことに気づき，次にがんばりたいことを見つけようとする。

4　自己選択・自己決定

自己選択・自己決定の場を設ける

本節では、探究的な学びをデザインするうえでとりわけ大切にすべきことに触れておきたいと思います。それが、自己選択・自己決定の場を設けるということです。

すでに述べてきたように、探究的な学びは、これからの変化の激しい社会を生き抜くうえで必要になる資質・能力を育てることが大きな目的です。これからの社会を生きる子どもたちは、多くの選択の場、多くの決定の場に出くわすことでしょう。そのときそのときで最善と考えられる道を、自ら選び、切り拓いていくことになります。

そのためにも、様々な教科や総合的な学習の時間などにおいて、可能な限り、自己選択・自己決定の場を学習活動に位置づけ、自ら考え抜いて選ぶ力、決定する力を育成することが大切です。

さて、ひと言で「自己選択・自己決定」と言っても、その場面や方法は様々です。そこで、いくつかの学習場面に分けて説明します。

①追究課題を選択・決定する

本章第2節「教材選定」でも触れましたが、全員がまったく同じ課題に取り組む学習は、探究的な学びとしてはやや不向きと言えます。たとえ目的は同じであっても、それぞれがそれぞれの興味関心に応じて、課題を選択・決定できる場を設けることが大切です。

（例）
・国語科の伝記の学習で、自分の興味ある偉人を1人選択・決定する。
・社会科の都道府県の学習で、自分の調べてみたい都道府県を1つ選択・決定する。
・体育科のマット運動で、自分ができるようになりたい技を選択・決定する。
・総合的な学習の時間に、町探検で見つけた地域の史跡の中から、さらに詳しく調べたい場所を選択・決定する。
・総合的な学習の時間に、様々な防災のテーマ（地域の危険箇所、体験者の話、身近な防災グッズなど）の中から学習してみたいことを選択・決定する。
・総合的な学習の時間に、伝統や文化について調べたい国を1つ選択・決定する。

②学習方法（情報の収集・整理分析など）を選択・決定する

可能な限り、情報の収集や整理分析の仕方などの学習方法に関しても、一人ひとりに選択・決定を促します。ただし、学習の入門期である低学年や中学年では、「学び方」の習得を目指して、あえて学習方法を一律にすることも考えられます。

（例）
・数多くある図書資料、もしくはインターネットのサイトの中から、どの書籍もしくはどのサイトを用いて情報を収集するか、選択・決定する。
・図書資料、インターネット、アンケート、インタビューなど、情報収集の方法そのものを選択・決定する。
・ノートにメモを取る、タブレット端末で記録を残す、写真を撮影する、録音・録画するなど、記録の残し方を選択・決定する。
・表に整理する、思考ツールを使って図化するなど、集めた情報を整理したり分析したりする方法を選択・決定する。

③表現方法（まとめ・表現・実行など）を選択・決定する

国語科や社会科などの教科では、作文、新聞、レポートなど、表現方法を教師が決定し、一律に取り組ませることが一般的でしょう。一方、総合的な学習の時間では、子ども自身が表現方法を選択・決定することが大切です（この点については本章第11節「まとめ・表現」でも詳しく解説しているので、そちらを参照してください）。

（例）
- 総合的な学習の時間の防災資料館オープンに向けて、ポスターづくり、防災グッズづくり、災害の年表づくり、クイズコーナーなど、表現方法を選択・決定する。
- 総合的な学習の時間の地域の特産物のPR活動として、パンフレットや広告、コマーシャルなど、表現方法を選択・決定する。
- 自分たちで開発した商品を販売するために、商品開発部、パッケージ部、広報部など、自分の取り組んでみたい活動を選択・決定する。

④価値判断・意思決定する

探究的な学びでは、自分で価値を判断したり意思決定したりする場面を意図的に設けることが大切です。子どもたちにとって切実な場面をあえて設けることで、自己決定力・価値判断能力などを育成します。

（例）

・生活科で育てた野菜を、このまま自分たちで食べ続けるか、異学年や地域の方にプレゼントするか、話し合いを通して選択・決定する。

・社会科で調べた江戸時代の生活（食事・衣服・住居・環境に配慮した生活など）について交流し、「江戸時代の人々は幸せか、不幸せか」というテーマで議論し、最終的な自分の考えを選択・決定する。

・総合的な学習の時間で、地域の歴史をPRする方法を話し合う中で、戦争の被害を受けた場所や人数など、地域の悲しい過去を紹介すべきかどうか、話し合いを踏まえて選択・決定する。

注意点として、１つの単元において①〜④のすべてを子どもに選択・決定させる必要があるかというと、決してそうではありません。総合的な学習の時間であればまだしも、各教科の一つひとつの学習活動において、すべてを子どもたちに選択・決定させていると収拾がつかなくなることは、ご理解いただけると思います。

そこで、学習活動のどの場面を選択・決定させるか、よく考えたうえで授業に臨むことが大切になります。例えば、国語科で日本の様々な伝統文化を紹介する説明文を書く学習を設定した場合、①の追究課題については、華道や茶道、書道など、自分が特に興味のあるテーマを選択・決定します。②の学習方法（情報の収集、整理・分析）についても同様に、図書資料やインターネットなど、子ども自身が選択・決定することができるでしょう。③については、作文単元ですから、当然表現方法は一律になります。④については、全員の作文を読み合った後に、「消えゆく日本の伝統文化をどうすれば残すことができるか」「自分たちにできることは何か」といったテーマで話し合い活動を仕組み、価値判断・意思決定を促すことも考えられます。

何もかもを子どもに選択・決定させようと無理をせず、その学習内容で最も適した選択・決定場面はどこであるかを熟考したうえで授業に臨むようにしましょう。

5　困難・失敗を乗り越える力（レジリエンス）

困難・失敗を乗り越える力（レジリエンス）を育成する

困難や挫折、様々な脅威に直面している状況において、うまく適応しながら乗り越えていく力を「レジリエンス」といいます。私は、探究的な学びにおいて、このレジリエンスの育成を目指した授業づくりがとりわけ重要であると考えています。

多くの教育活動において、教師は子どもたちがとにかく失敗しないように努める傾向があります。もちろん、今後訪れるかもしれない危機を予測し、それを回避できるようにできる限りの手厚い支援を行うことは、学習内容・活動内容によっては必要不可欠です。

しかし、いつもそのような支援ばかりを行っていると、子どもたちは失敗や挫折を味わうことなく、成長の過程をたどることになります。今後変化の激しい社会において、いざ社会に出た子どもたちが、思わぬ困難や挫折に出会うことは十分に考えられます。可能な限り、教育活動においても、様々な困難や挫折を体験させ、自らの力で乗り越える力を育成することが必要だと考えます。

では、どのようなときに、子どもたちは困難や挫折を味わうのでしょうか。いくつか例をあげると、次のような場合が考えられます。

(例)
・生活科の学校探検で、特別教室に鍵がかかっていて入れない。
・生活科で育てた野菜がうまく育たない、カラスなどに食べられてしまう。
・各教科や総合的な学習の時間に、自分のテーマとして取り上げた内容に関する情報がなかなか集まらない。
・総合的な学習の時間にみんなでつくった地域を紹介する資料館が、今ひとつおもしろくない。リハーサルでお呼びした校長先生にも「今ひとつ」と評価される。
・総合的な学習の時間に商品開発を計画するも、予算的に難しく実現が見込めない。

1つ言えることは、こうした困難や挫折は、子どもたちを大きく成長させる絶好の機会だということです。まずはどうすれば乗り越えることができるか、子どもたち自身が話し合ったり助言し合ったりする機会を設けるようにしましょう。

教師は学びのサポート役

では、子どもたちが困難や挫折に直面したとき、教師は何をすればよいのでしょうか。ここで大切な考え方が、「教師は学びのサポート役に徹する」ということです。

学びのサポート役とは、子どもたちが行き詰まったときに、「どうすればうまくいくと思う？」と思考を促したり、「こういう方法もあるよね」と解決の糸口を示唆したりする役目のことを言います。

例えば、以前2年生の生活科で野菜を育てた際、苗の植えつけまではよかったのですが、次第に大きくなると、その重さに耐えきれず、横倒しになる野菜が出てきました。子どもたちが、「先生、大変！　野菜が倒れています。どうしよう…」と困っていたので、早速教室で話し合いを行うことにしました。

子どもたちからいろいろなアイデアが出てきますが、今ひとつ決め手に欠けます。手詰まり感が出てきたので、「そういえば、学校の近くに野菜づくりに詳しい方がいたような…」とつぶやいてみました。すると、さっそくその方のところへ行ってアドバイスをもらおう、という流れになりました。結果として、その方のご指導もあり、野菜は順調に育っていきました。

先生方の中には、「それなら最初から担任である先生自身が野菜の正しい栽培の仕方を教えてしまえばよいのでは…」と思われた方もいると思います。もちろん、その方が効率的なのは言うまでもありません。しかし、私たちが探究的な学びで本当に育てたいのは、野菜を育てる知識や技能ではなく、自ら考えて行動する力であり、失敗や困難を乗り越える力（レジリエンス）のはずです。だからこそ、教師はあくまでも学びのサポート役に徹し、必要な助言を与えながら、子どもたちが自身の力で動いていけるように支援することが大切だと考えます。

なお、先に示した「テーマに関する情報が集まらない」という困難の場合、そもそも情報がない、情報収集の手段がないということも考えられます。その場合、思い切ってテーマを変更することを示唆するのも、学びのサポート役である教師の役目だと思います。

さらに、ポスターやプレゼンテーション、映像などの制作物が今ひとつという場合には、実社会にあるポスターや映像を集めて、分析する機会をもたせるようにしましょう。そこに何かしら大きなヒントが隠されているかもしれません。

このように、子どもたちが何かしら困難や挫折に直面した際、何かしらの解決の糸口を教師が示唆することが、探究的な学びにおいてはとりわけ重要になります。

「段階的な学び」から「循環的な学び」へ

もう1つ、困難・失敗を乗り越える力を育成するポイントとして、私たち授業者が、「段階的な学び」から「循環的な学び」へと意識を改革させることがあげられます。

「段階的な学び」とは、子どもたちがつまずかないように、階段を一段一段上らせていくような学習のイメージです。

例えば、1年生の生活科の学校探検をイメージしてください。私たち教師は、子どもたちが困らないように見学コースを決め、廊下の歩き方を指導し、特別教室の入り方を丁寧に教え、各教室がどんな場所であるのかを一方的に伝えてしまいがちです。

もちろんこうした指導が悪いというわけではないのですが、いつも「段階的な学び」ばかりを行っていると、子どもたちが自分で考えて行動する力が身につかず、指示待ちになってしまいます。そもそも、与えられたものよりも、自分で苦労して得たものの方が自分の身になるということは、先生方もこれまでの人生で一度や二度経験したことがあるのではないでしょうか。

そこで大切なのが、こうした「段階的な学び」からいち早く脱却し、「循環的な学び」を取り入れることです。

「循環的な学び」とは、目標に対する知識や技能が不十分であっても、とりあえずまずはやってみて、そのとき生まれた困り感に応じて、必要な知識や技能を得る学習方法です。

先にあげた生活科の学校探検の例で言えば、もちろん最低限の安全指導は必要ですが、私の場合は、まずは行きたいところへ自由に行かせてみるようにしています。ところが、いくつかの教室は鍵がかかっていて開かない。さて、どうするか。どうすれば特別教室に入れるのか、教室に戻った子どもたちが作戦会議を始めます。そこで、職員室にいる教頭先生に相談してみようと子どもたちが動き始めます。そうしたやりとりを通して、職員室での鍵の借り方や安全に気をつけた特別教室の入り方などを学んでいきます。

また、以前3年生の総合的な学習の時間で、地域を紹介するミュージアム（資料館）をつくったことがありますが、いったん完成した資料館は明らかに物足りない状況でした。そこで、市町にある博物館・資料館など、実際の施設を訪問し、自分たちの資料館に何が足りないのかを子どもたちと一緒に考えたところ、様々な改善策が生まれました。その後、資料館は充実したものになり、招待した保護者や地域の方に大変喜んでいただきました。

とにかく一度やってみて、困ったときに必要な学習を行う。探究的な学びをデザインする際は、この「循環的な学び」を積極的に取り入れていくことが大切です。

6　カリキュラム・マネジメント

カリキュラム・マネジメントとは何か？

小学校学習指導要領（第1章　総則）では、「カリキュラム・マネジメント」について、次のように定義されています。

> 各学校においては、児童や学校、地域の実態を適切に把握し、教育の目的や目標の実現に必要な教育の内容等を教科等横断的な視点で組み立てていくこと、教育課程の実施状況を評価してその改善を図っていくこと、教育課程の実施に必要な人的又は物的な体制を確保するとともにその改善を図っていくことなどを通して、教育課程に基づき組織的かつ計画的に各学校の教育活動の質の向上を図っていくこと（以下「カリキュラム・マネジメント」という。）に努めるものとする。

探究的な学びをデザインするうえで、このカリキュラム・マネジメントの視点は欠かせません。なぜなら、カリキュラム・マネジメントを行うことは、教師・子ども双方に大きなメリットがあるからです。

まず、教科等横断型の授業を行ったり地域の人材を活用したりすれば、教育効果を飛躍的に上げることができます。例えば、総合的な学習の時間に、地域について調べたことをプレゼンテーションする活動があるとします。その際、国語科の「話すこと」の学習と関連させ、効果的な情報の伝え方を学習すれば、その学びを生かして、より質の高いプレゼンテーションが期待できます。さらに、地域に元アナウンサーなど、人前で話すことに長けている方がおられれば、その方をゲスト・ティーチャーとして招聘し、効果的な話し方を学ぶ機会を設けることも考えられます。

次に、学習の目的を明確にできるというメリットがあげられます。例えば、家庭科の裁縫の学習を総合的な学習の時間と関連させて、お世話になった地域の方にプレゼントするという目的を設定すれば、一層本気になって製作活動に取り組むようになるでしょう。国語科の説明文の学習でも、その学習が総合的な学習の時間に地域の環境保全の啓発文を書く活動につながることを示唆すれば、どの子も本気になって教材を読むようになります。

そして何より、教師にとって大きいのは、カリキュラム・マネジメントが効率的な学習を生み、その結果として、授業時間に余裕が生まれるということではないでしょうか。

これまで説明してきたように、探究的な学びは、課題の設定、情報の収集、整理・分析、まとめ・表現という一連のサイクルを基本とするため、多くの授業時間を費やします。その点、カリキュラム・マネジメントを意識して授業を仕組めば、少ない授業時数で単元を進めることが可能となります。

例えば、第3章の授業実践例でも取り上げていますが、第6学年で、地域の歴史を調べてPRするという活動を行ったことがあります。子どもたちが現地調査、聞き取り、図書資料やインターネットなどで地域の歴史に関する情報を集め、最終的には、学校の空き教室を使って歴史資料館を開き、家族や地域の方を招待するという流れになりました。

歴史資料館の内容を計画した際、ポスターセッション、自作の歴史動画の放映、絵画等の作品の展示など、様々なアイデアが出されました。さらには、せっかく家族や地域の方に来ていただくので、お茶や手づくりのお菓子でおもてなしをしようとまで子どもたちが言い出しました。とても総合的な学習の時間の授業時数では足りないと考え、次のような思い切ったカリキュラム・マネジメントを実施することにしました。

・プレゼンテーション……国語科「話すこと」の内容として実施
・地域の史跡の絵画展示……図画工作科「A表現（絵）」の内容として実施
・歴史番組の作成……総合的な学習の時間として実施
・家族・地域の方のおもてなし…家庭科「家族や地域の人とのかかわり」として実施
※特に授業時間を確保していないが、内容的には社会科の歴史と大きく関連。

さすがに資料館オープン直前はドタバタしましたが、結果として歴史資料館の取組は大成功でした。子どもたちもさぞうれしかったと思いますが、だれよりも喜びが大きかったのは、教師である私自身だったかもしれません。なぜなら、同時に様々な単元を、しかもそれぞれの単元に明確な目的意識をもたせながら、一気に授業を進めることができたからです。まさに一石二鳥ならぬ、一石三鳥、一石四鳥ともいうべき状況でした。

このように、カリキュラム・マネジメントをうまく実施すれば、教師にとっても、子どもにとっても大きなメリットがあります。無理せず、ゆとりをもって学習を進めていくためにも、カリキュラム・マネジメントの視点を積極的に取り入れていきたいものです。

コミュニティスクール制度の活用

もう1つ、カリキュラム・マネジメントを進めるうえで、ぜひとも大切にしたいことがあります。それが、コミュニティスクール制度の有効な活用です。

コミュニティスクールは、学校運営協議会制度とも言われ、学校と地域住民などが力を合わせて学校の運営に取り組む仕組みのことです。学校運営協議会は、地域住民代表や保護者代表から成り、学校の方針や取組について、意見を述べたり助言を行ったりします。

ここまで聞くと、やや堅い組織のように感じるかもしれませんが、私が過去に勤務した学校では、このコミュニティスクール制度が、探究的な学びを進めるうえでこれ以上ないくらい救いとなりました。

例えば、総合的な学習の時間に、地域を活性化する方法の1つとして、地域の特産物を生かした新しい商品を開発したいと子どもたちが言い出したことがありました。子どもたちは非常におもしろいアイデアを考えていましたが、正直そのときの私は「予算的なこともあるし、実現は到底無理だろう」と勝手に思い込んでいました。ただ、せっかくのアイデアなので、せめてそのアイデアをアウトプットする場をもたせたいと思い、当時の学校運営協議会の場で、プレゼンテーションの機会を設けました。

子どもたちの発表は大成功、これで学習は完結と思っていたところ、学校運営協議会のメンバーの方が、子どものアイデアをなんとか実現できないかと、様々な事業所にかけ合ってくださったのです。結果、なんとそのアイデアの１つが採用されることになり、期間限定、数量限定で、子どものアイデアが商品化されることになりました。そのときの子どもたちのうれしそうな表情は、今でも忘れることができません。

この他にも、ものづくりの単元で、材料（大量の木材）がなくて困っていたときに、学校運営協議会の方に子どもたちが依頼したところ、その方の取次があって、地域の木材加工業者さんから、いらなくなった廃材をたくさんいただくことができたという事例もあります。

このように、コミュニティスクール制度をうまく活用し、学校運営協議会の方の力を借りれば、学校や子どもたちの力だけでは実現不可能なことも、一歩、二歩と、実現に向かうことができます。コミュニティスクールの制度がまだ導入されていない学校であっても、学校に協力してくださる方が地域にいないか、管理職に相談しながら、ぜひ探してみることをおすすめします。

7　ＩＣＴ活用

　ＧＩＧＡスクール構想の実現に向けて、日本全国の学校で１人１台の端末が整備されました。子どもたちに深い学びをもたらす貴重なツールとして期待値が高まる一方で、まだまだ学校現場では、どのように活用を図るべきか、試行錯誤が続いているのが実情と言えるでしょう。

　改めて言うことでもないですが、探究的な学びをデザインするうえで、この１人１台端末を中心としたＩＣＴの積極的な活用は欠かせません。未来の社会を生きる子どもたちのＩＣＴ活用力を高めることは当然必要ですが、加えて、これまで何時間も費やしていた活動を短時間に凝縮することができ、ゆとりをもって活動に取り組ませることができるという大きなメリットがあるからです。

　今から20年以上前、私が教員になったばかりのころは、総合的な学習の時間といえば、模造紙を使ったポスター形式の発表が主流でした。このポスターにまとめるという表現方法は、思いのほか時間がかかります。グループで模造紙を囲み、マジックなどを利用して伝えたいことを文字や絵で表現します。グループで1枚のポスターをつくるので、当然見ているだけの子も出てきますし、遊ぶ子も現れます。ポスターができ上がると、ようやく発表練習。せっかく発表本番を迎えても、ポスターだと教室の後ろの席からは文字が見えにくく、苦労したわりにはわかりにくい発表が多かったものです。

その点、ICT機器を有効に活用すればどうでしょうか。1人1台端末でプレゼンテーション資料を作成すれば、あっという間にスライドが完成します。1つのプレゼンテーションを同時に各々の端末で作成することもできるので、やることがなくて飽き飽きする子も遊ぶ子も現れません。完成したスライドも、各自が自分の端末で動かしながら練習を行うことができます。何より大型スクリーンに映せば、発表を聞く側にとって非常にわかりやすいため、発表後の意見交流も非常に充実したものになります。

私自身は、それほどICT活用に長けているわけではありません。むしろ若い先生方の方がはるかに詳しく、日々教えを請うている状況です。ただし、若い先生の授業を見ていると、中には使用の目的がはっきりせず、ICTを使うことそのものが目的化している様子も見受けられます。何のためにICTを活用しているのか、目的を明確にして授業に臨むことが大切です。

そこで、探究的な学びにおける、1人1台端末を中心としたICT活用について、次のようにメリットを整理してみました。

①課題を明確にもたせることができる

教室内に電子黒板があれば、写真や資料を拡大提示することができます。学習内容にかかわる動画を視聴させることも可能です。拡大提示が特に有効なのは、課題を設定する場面です。例えば、地域にゴミが落ちている写真を1枚見せるだけでも、「自分たちの町がこんなに汚れているのか」「他に汚れているところはないか」「どうしてこんなに汚れているのか」「自分たちにできることはないか」などの問いをもたせることができます。

②様々な情報を手軽に集めることができる

インターネットを利用すれば、手軽に多くの情報を集めることができます。また、端末のカメラ機能を使えば、写真や動画を撮影して記録に残すことができます。この他、Google Formsなどでアンケートを手軽に実施することもできます。これまでアンケートと言えば、用紙を用意して配付、回収して集計という作業が必要でしたが、この機能を用いれば、自動集計を経て、瞬時に全体の傾向を把握することができます。

③集めた情報や個々の考えを整理・分析することができる

これまで各自が集めた情報や考えたことなどは、ノートなどを見せながらお互いに報告し合うことしかできませんでした。その点、端末を有効に活用すれば、その場にいながら自由に互いの意見や考えを交流することが可能になります。集めた情報や個々の考えなどを、Google Jamboard やロイロノートなどの機能を用いて、１枚のシートに集約させることができ、情報を分類したり新たな考えを生み出したりすることができます。

④文書作成ができる

ＩＣＴを活用した文書作成は、これまでもパソコンルームなどで盛んに取り組まれてきたと思いますが、１人１台端末の整備によって、一層手軽に実施が可能となりました。これまで手書きが中心であった作文やレポート作成、さらには新聞やポスター作成なども、端末を用いることで、デジタル化した文書の作成に向かわせることができます。何より、一度作成したものを手軽に修正できるという利点は非常に大きいです。下書きや清書といった作業も必要ないため、効率的に作業を進めることができます。

⑤プレゼンテーションができる

探究的な学びにおいては、調べたことや考えたことなどをアウトプットする機会が非常に多くなります。その際、プレゼンテーション資料を端末で作成すれば、短時間で、聞き手にとってわかりやすい発表を行うことができます。

⑥表計算・グラフ作成ができる

1人1台端末を用いれば、表計算やグラフ作成を手軽に行うことができます。自分たちの町の人口や観光客数などの数値を自分の端末で入力すれば、簡単にグラフ化することができます。作成したグラフは、文書作成やプレゼンテーション資料作成の際に、効果的に活用できます。

⑦映像制作ができる

動画編集ソフト（アプリ）を活用すれば、映像制作も可能になります。映像は自分の考えを伝える効果的なツールであり、実社会でも多く取り入れられている手法です。例えば地域の特産物や史跡などをＰＲするなど、コマーシャルやニュース、特集番組などの映像制作に取り組んでみてはいかがでしょうか。きっと子どもたちが夢中になって活動に取り組むと思います。

⑧学びを振り返る場が生まれる

探究的な学びを進めるうえで、振り返りの時間は欠かせません。1時間もしくは1単元の中で、何をどのように学び、何ができるようになったのかなど、自分自身の学びの過程や変容を自覚することが大切です。端末に保存した写真や発表の様子などの映像、様々な成果物を見れば、客観的に自分自身の成長を振り返ることができます。また、毎時間の振り返りを、端末で記録するという方法もあります。

⑨子どもたちの学習状況の評価に役立つ

ＩＣＴ活用には、子どもたちだけでなく、私たち教師側にとっても様々なメリットがあります。その１つが、学習評価に役立つという点です。プレゼンテーション、様々な文書、制作動画など、様々な制作物がクラウドに保存されます。それらを基に、子どもたちにどのような力がついたのか、手軽に評価を行うことが可能になります。また、日々の振り返りを端末で記録させておけば、子どもたちの日々の成長を確実に見取ることができるでしょう。評価については、本章第12節や第３章でも解説しているので、詳しくはそちらを参照していただければと思います。

ＩＣＴ活用のメリットは、この他にもたくさんあります。ＩＣＴをうまく活用しながら、効率よく探究的な学びをデザインしていきましょう。

8　課題の設定

子どもたちが問いをもつような「しかけ」をつくる

ここまで、教材選定やカリキュラム・マネジメント、ＩＣＴ活用など、探究的な学びをデザインするうえで全体的なキーワードとなる内容について解説してきました。

ここからは、探究のプロセスに焦点を絞り、それぞれのプロセスの具体的なポイントについて解説していきます。

まず、探究的な学びのスタート段階となる、「課題の設定」について説明します。課題を設定する際は、日常生活や社会に目を向けたときにわき上がってくる疑問や関心に基づいて、子どもが自ら問いをもつことが大切です。とはいえ「〇〇について、何か疑問に思うことはありませんか？」と発問したとしても、子どもは何について考えればよいかわからず、単元の冒頭からいきなり混乱を招くことになるでしょう。

そこで大切なのが、子どもたちが問いをもつように、何かしら「しかけ」を用意することです。いくつかアイデアを紹介します。

①資料（写真、映像、グラフなど）を提示して問いを生み出す

私が最もよく行う手法で、特におすすめなのが、インパクトのある写真や映像、グラフなどを子どもたちに示し、そこから問いをつくっていくという方法です。

例えば、地域の歴史について学習を進めていくのであれば、地域の史跡の写真をいくつか示し、「ここはどこでしょう？」と発問します。当然子どもたちは一度や二度その史跡を目にしたことがあるので、得意になってその史跡を解説する子が現れるでしょう。そこですかさず、「これってだれがつくったものなの？」と発問すれば、「そこまでは知らない…」となるでしょう。さらに、「町の中に他にもこんな古そうなものってある？」と展開すれば、「他にも探してみたい」「どんな歴史秘話があるのか調べてみたい」という意欲を生み出すことができます。

また、地域のPR活動に取り組ませたいと思うのであれば、観光客数のデータ（グラフ）が有効です。ある町（例えば、修学旅行で訪れた町など）と自分たちの町の観光客数を比較すれば、「自分たちの町はPRが足りない」「もっとよさを伝えて観光客を集めたい」という思いが生まれるでしょうし、観光客数が軒並み減少している地域であれば、「自分たちの力で観光客を再び戻したい」という使命感を抱かせることができます。

このように、インパクトのある写真やデータ、映像などを示すという方法は、子ども起点の問いを生み出すうえで非常に有効です。いくつか例を示します。

各教科の例

・生活科の学校探検の学習で、「ここはどこでしょう?」と言いながら、学校のいくつかの場所の写真を提示し、「探検したい」「他にもおもしろそうな場所を探してみたい」という思いを生み出す。
・生活科の野菜づくりの学習で、複数の野菜の写真を見せて、どのように育つのか知っていることを交流し、育ててみたいという思いを生み出す。
・国語科の学習で、小学生が書いた絵本を読み聞かせる。読み聞かせ後に、作者が小学生であることを告げ、自分たちもお話を書いてみたいという思いを生み出す。
・社会科の学習で、縄文時代・弥生時代・古墳時代の3つの時代の想像図(生活の様子)を提示する。3つの違いを話し合わせたうえで、「どの時代が最も幸せなのか」という問いを生み出す。
・音楽科の学習で、様々なコマーシャル音楽を流し、作曲への意欲を高める。

総合的な学習の時間の例

・過去の地震や集中豪雨などで地域が被災した写真や映像を提示する。そのうえで、防災についてもっと調べて、地域の防災意識を高めたいという思いをもたせる。
・寂れてだれも遊びに来ない公園の写真を提示し、自分たちの力で公園を人が集まるように再生したいという思いをもたせる。
・昔は地域の川に蛍がいたという地域の方の話（録画映像）を提示し、現在はいなくなった理由を調べたい、もう一度川に蛍を呼び戻したいという思いをもたせる。
・地域の50年前の写真を示し、どこの場所かを話し合わせる。そのうえで、50年前の地域の様子や人々の生活について調べたいという思いをもたせる。
・「住みたい町ランキング」のデータを提示し、自分たちの地域が上位に入っていないことから、自分たちの町のよさをＰＲしたいという思いをもたせる。
・日本全国の子どもが開発した商品（実際に販売実績のあるもの）をいくつか示し、「これらの商品の共通点は？」と問いかけたうえで、最後に種明かしする。そのうえで、自分たちも新たな商品を開発したいという思いをもたせる。

②体験活動を通して問いを生み出す

体験活動を通して問いを生み出す方法も有効です。

例えば、２年生（生活科）や３年生（社会科）でよく行われる町探検であれば、とりあえず町を探検してみます。その探検を踏まえて、疑問に思ったことを出し合うという流れです。私の場合は、探検に行く前に「先生からのミッション！　必ず『？（ハテナ）』を10個以上見つけること！」などと言うようにしています。

地域の川を教材にする場合も同様です。ひとまず川に行ってみる、川のほとりで遊んでみる、川の生き物を探してみる。このような体験を踏まえて、学校に帰ってから疑問を出し合うという流れです。

この他、地域の行事や集まりに参加してみるという方法もあります。多くの地域では、年に数回祭りが行われていると思いますし、高齢者の集まりなどは、かなり頻繁に行われていると思います。以前、３年生の総合的な学習の時間に、高齢者の集まりに子どもたちを連れていったことがあります。実際に高齢者と触れ合う中で「お年寄りの皆さんをもっと元気にしたい」「『話し相手がほしい』などの願いを叶えたい」という問いが生まれ、活動が進んでいきました。

体験活動を通して問いを生み出すアイデアをいくつか示します。

各教科の例

・生活科（2年生）で、新1年生と遊ぶ活動を体験する。その中で、「どうすればもっと新1年生が楽しんでくれるか」という問いをもたせる。

・理科の学習で様々な生き物を探してみる。その中で、これは昆虫なのか、そうではないのかという問いをもたせる。

総合的な学習の時間の例

・地域の伝統工芸（茶器）を教材とした際、まずは一人ひとり粘土で器をつくってみる。その後、地域の器（写真でもよい）と比較し、「どうやってこんなきれいな形を生み出すのか」「どんな人がつくっているのか」などの問いを生み出す。

・地域の有名な観光スポットに出かける。そこで観光客に出会うが日本人ばかり。一方で、別の外国人観光客が集まっている観光地を紹介し、「なぜ自分たちの町に外国人観光客はいないのか」「何か集める方法はないか」という問いをもたせる。

③ウェビングマップで問いを生み出す

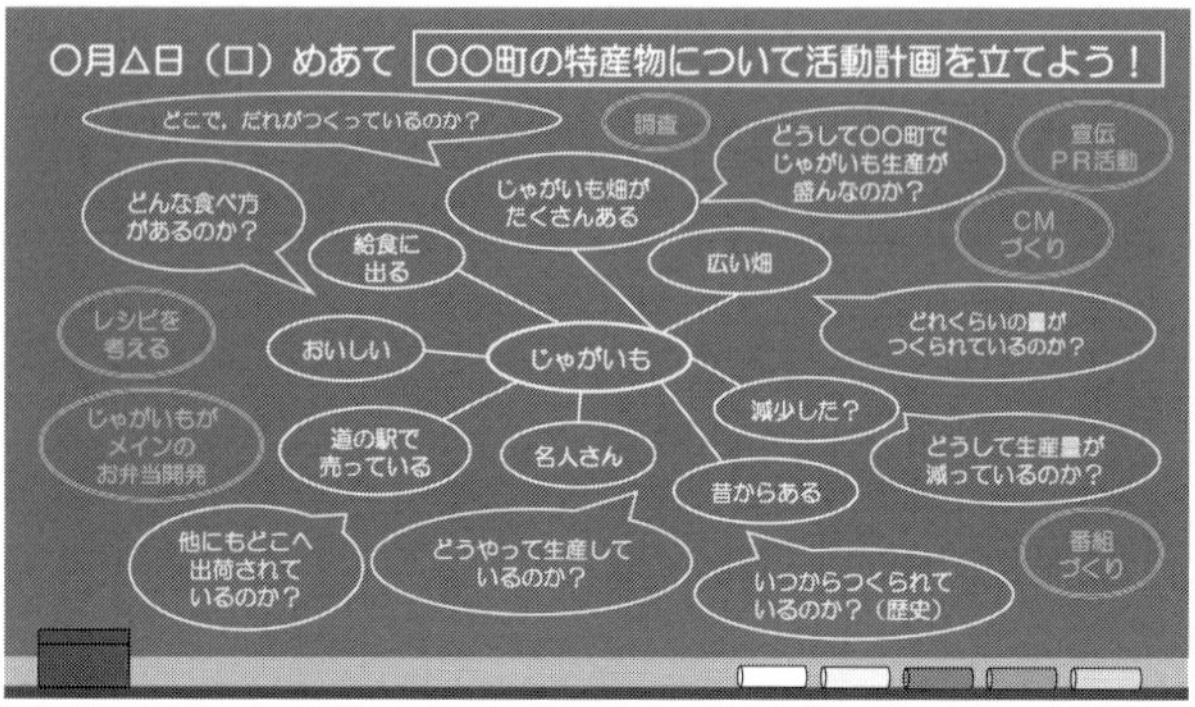

ウェビングマップで問いを生み出す方法も有効です。例えば、総合的な学習の時間に、特定の野菜や果物など、地域の特産物を教材として、今後授業を進めていくとします。

導入では、特産物の写真を示し、「この野菜について知っていることを何でもいいので発表してみましょう」と発問します。黒板の中央にその特産物名を書き、その周囲に白チョークで子どもから出てきた意見を書きます。

さらに「では、何か疑問や知りたいことはありますか？」と展開します。「どうやって育てているのか」「1年間でどれくらい収穫されるのか」「なぜ自分たちの住む地域でたくさんつくっているのか」など、様々な疑問が出てくるでしょう。その疑問は、今度は黄色のふき出しで周囲に書き足していきます。

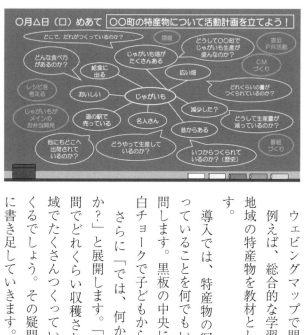

さらに、「もしもこの野菜について詳しくなったら、みんなはどんなことがしたい？」と聞いてみてもよいと思います。

「広告をつくって宣伝したい」

「コマーシャルやドキュメンタリー番組をつくってみたい」

「その野菜を使ったレシピづくりやお弁当の開発をしてみたい」

これまでの学習経験や生活経験から、いろいろなアイデアが出てくることが期待できます。このアイデアは、さらに色を変えて、赤チョークなどで書き足します。

もちろん、まとめ・表現の方法については、情報を集めた後で、再度練り直す必要がありますが、最初の一時間で、ある程度今後の学習の見通しをもたせておけば、情報の収集に目的が生まれ、一層意欲を高めることができます。

このように、単元の導入では、既存の知識や疑問、やってみたいことなど、子どもの発言が多岐に渡ります。これをどのように集約するかはいつも非常に悩むところですが、ウェビングマップを使えば、最初の一時間で、子どもたちの既存の知識、疑問、やってみたいことなどを１つの黒板にまとめることができます。おすすめの方法ですので、ぜひ活用してみてください。

④チャート図＋ネームプレートで追究課題を選択・決定する

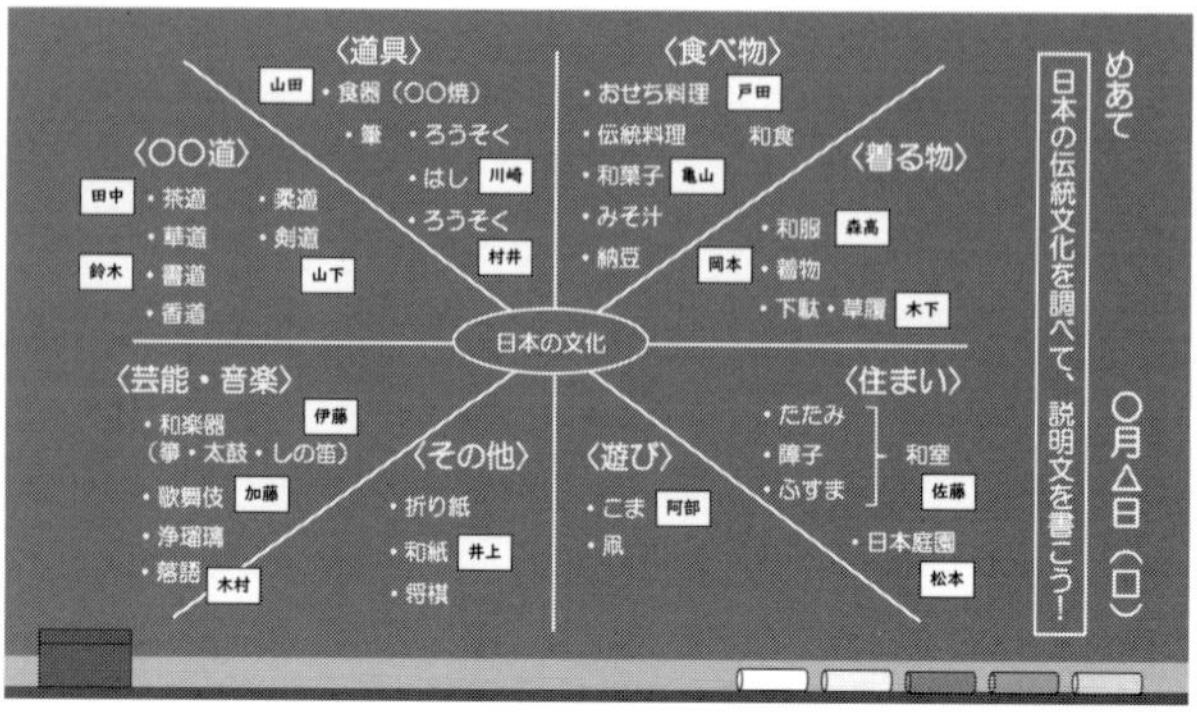

チャート図とネームプレートを活用し、最初の1時間で、一人ひとりの子どもの追究課題を選択・決定を促す方法もあります。

例えば、国語科の学習で日本の伝統文化について調べて、説明文を書く学習を行うとします。その場合、黒板の中央に「日本の文化」と書き、黒板をいくつかのスペースに分割します。次に、「日本の伝統文化にはどんなものがありますか？」と発問し、子どもたちに思いついたものをどんどん発言するように指示します。「筆」「焼き物」「和菓子」「ろうそく」など、様々な意見が出てくるので、教師はそれを分類しながら、それぞれのスペースに書きます。すると子どもたちから、「わかった！　右上のスペースは食べ物だ！」「それなら他にも…」といった声が上がり始めます。

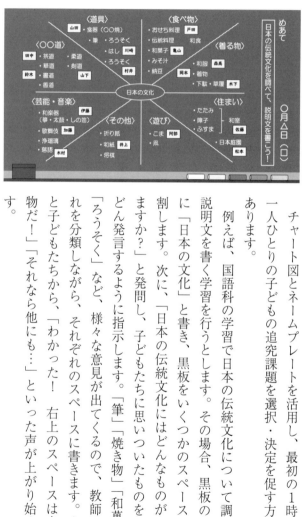

もちろん、分類の観点は最初に教師から出しても問題ないですが、子ども自身がその観点に気づくように授業を展開すると、子どもの意欲が一層高まります。

また、この場面でおすすめなのが、ネームプレートを使って一気に追究課題を選択・決定するという方法です。子どもたちには「友だちが出したアイデアでもよいので、自分がこれを詳しく調べてみたい、みんなに伝えたいと思うものを１つ選んで、自分のネームプレートを貼ってごらん」と指示します。もちろん、友だちと追究した課題が同じになっても問題ありません。また、後日追究したい課題が変わることも大いに認めます。このように展開すれば、最初の１時間で、全員が追究課題を選択・決定することができます。

課題を設定する場面における様々なアイデアをお示ししましたが、単元の導入では、子どもたちから、既存の知識や新しい疑問、今後取り組んでみたいことなどのアイデアを、とにかくたくさん引き出すことに主眼を置きます。その知識が必要かどうか、その疑問が解決できる内容かどうか、そしてそのアイデアが実現可能かどうかなどは、後日子どもたちと一緒にゆっくり検討するとして、まずはたくさんの意見やアイデアを集め、今後の活動に意欲をもてるようにしていきましょう。

9　情報の収集

様々な方法で情報を収集する

課題の設定場面で、追究したい問いが見つかった。もしくは、追究したいテーマが決まった。そうなると次にすべきことは、情報の収集です。まず、どのような方法で情報が集められるかを子どもたちと一緒に話し合い、ある程度見通しをもってから活動を進めるようにしましょう。最も適した情報収集の手段は、当然追究する内容によって異なります。図書資料、インターネット、現地調査、聞き取り調査、アンケート…など、情報収集には様々な方法があること、そしてそれぞれの方法にはメリットやデメリットがあることを、普段の教科の学習から、子どもたちにしっかりと伝えておくとよいでしょう。

①図書資料

学校図書館には様々な本があります。まずは図書館に自分の追究課題に適した本がないか探すように促しましょう。また、新聞やパンフレット、教科書や社会科の資料集なども、情報収集の絶好のアイテムです。１冊の本から様々な情報が得られるというメリットがある一方で、過去のデータが多く、最新の情報を得るには不向きというデメリットもあります。グラフなどは、いつのデータなのかを必ず確認するように促すことが大切です。

②インターネット

1人1台端末を活用すれば、インターネットで簡単に情報を集めることができます。最新のデータが集められる一方で、インターネットの情報には不確かなものも多く存在します。複数の情報を比べるなど、情報の真偽を確かめるように促すことが大切です。

③現地調査

町探検に代表されるように、身近な教材は現地調査が欠かせません。実際に行って本物を見る、実物に触れてみる、写真や動画を撮影する…など、情報収集の基本とも言えます。

④聞き取り調査（インタビュー）

インタビューは、大きく分けて、特定の対象者に行うインタビューと、道行く人に行う街頭インタビューがあります。

前者の場合、地域のことは地域の方が一番よく知っているので、その方に聞き取りを行えば、かなり多くの情報を集めることができます。学校にその方をお招きして聞き取りを行う方法もおすすめです。また、校内の先生方や昨年度同じ学習に取り組んだ先輩に直接インタビューする方法もあります。事前に聞きたいことをメモしてから調査に臨むと、落ちなく必要な情報を集めることができます。

後者の街頭インタビューの場合は、様々な年齢、職種、国籍の方にインタビューを行うことで、様々な立場の人から多様な考えを得ることができます。

なお、インタビューは、相手の許可を得たうえで撮影や録音を行うように促しましょう。学校に帰ってから聞き取り内容を再確認でき、より正確な情報を手に入れられます。

⑤アンケート

多くの人の意見を集め、その傾向を知りたいときはアンケートが有効です。アンケート用紙を作成して配付する方法もありますが、校内の子どもたちや教職員が対象であれば、端末を用いて行うアンケートが最も効率的です。Google Formsなどのアンケートアプリを用いれば、一度に多くの人の声を集めることができます。さらに、瞬時にグラフ化できるので、まとめ・表現活動の際に非常に役立ちます。なお、このアンケート結果を踏まえてから、前項で解説した課題を設定する方法もあります。

⑥電話・電子メール

地域に住む身近な方であれば直接電話で依頼する方法が有効ですが、市役所や他地域の施設・学校などに資料を依頼する場合、電子メールがおすすめです。送信する前に教師も文面をチェックできるので、相手方に失礼なくやりとりを行うことができます。

⑦観察・実験

理科や総合的な学習の時間に、自然をテーマに学習を進める際は、観察や実験を通して情報を収集する方法が有効です。地域の公園や山、川などに行き、身近な動植物を観察するという方法もありますし、パックテストなどの方法で川の汚れを調査するという方法もあります。その際は、しっかりと安全対策を行ったうえで活動に取り組ませましょう。

情報の収集には様々な方法がありますが、1つに限定せず、多様な方法で収集に当たらせれば、幅広い視点から、様々な情報を集めることができます。

情報の収集は事前のノートづくりがカギになる

情報をどのように集めるかだけでなく、情報をどのように記録するかも非常に大切です。ここでは、私がよく行っている事前のノートづくりをお示しします。

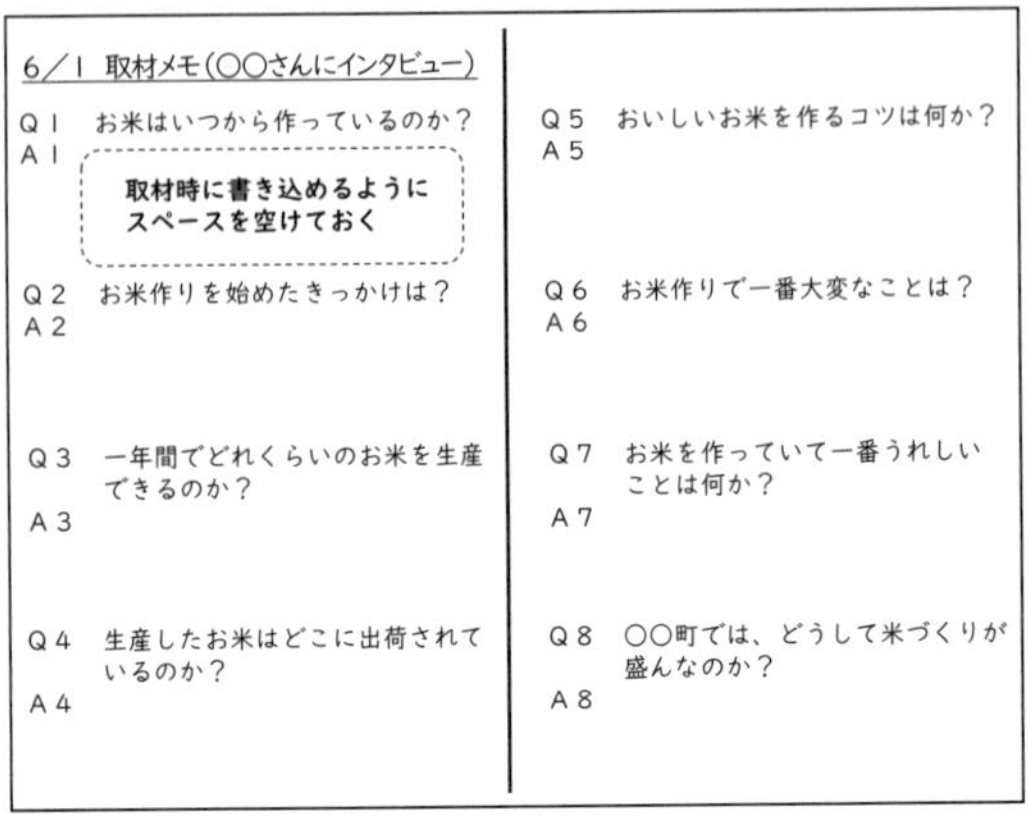
6／1 取材メモ（○○さんにインタビュー）
Q1 お米はいつから作っているのか？
A1
取材時に書き込めるようにスペースを空けておく
Q2 お米作りを始めたきっかけは？
A2
Q3 一年間でどれくらいのお米を生産できるのか？
A3
Q4 生産したお米はどこに出荷されているのか？
A4
Q5 おいしいお米を作るコツは何か？
A5
Q6 お米作りで一番大変なことは？
A6
Q7 お米を作っていて一番うれしいことは何か？
A7
Q8 ○○町では、どうして米づくりが盛んなのか？
A8

①Q&Aノート

課題の設定の場面で、子どもからたくさんの問いが出てきたとします。その際、上の図のように、Q&A形式でノートをつくるように指示します。Qの部分に問いを書き、Aの部分はスペースを空けておきます。聞き取り調査などで明らかになったことを、その部分にメモするように指示します。このQ&Aノートのよさは、何より落ちがなくなるということ、そしてまだ明らかになっていない疑問点が明確になることから、さらなる情報収集など、次の対応を子ども自身に促すことができる点にあります。

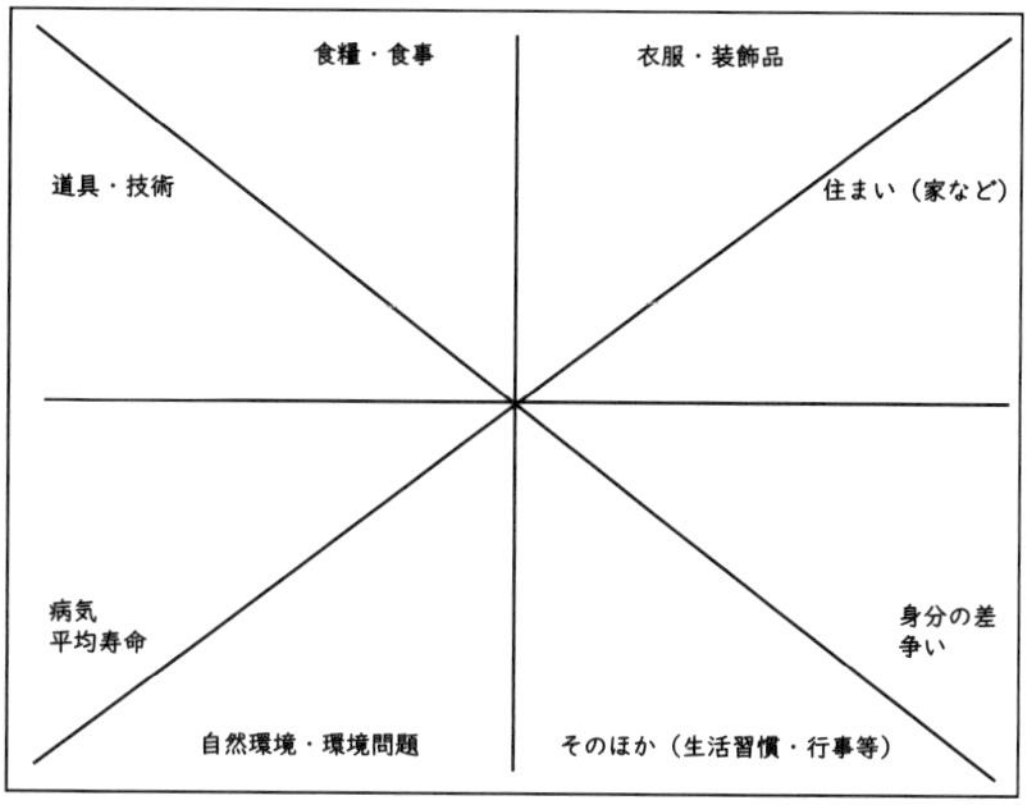

②分割ノート（ワークシート）

上の図のように、ノートやワークシートを直線で分割し、それぞれのスペースに見出しをつける方法も有効です。例えば、社会科である時代の人々の生活について調査するのであれば、「食事」「衣服」「住まい」「道具・技術」「平均寿命」などの項目を立て、情報を集めた際は、そのスペースにメモします。情報を集めていると、どのスペースにも属さない情報が必ず出てくるので、「そのほか」という項目も用意します。後に集めた情報を整理したり分類したりする手間が省けるおすすめの方法です。

この他、学習の入門期である低・中学年では、インタビューの仕方のポイント（あいさつや言葉づかい、切り返しなど）をまとめたプリントをノートに貼らせて、実際のインタビューの際に参考にさせるという方法もあります。

10　整理・分析

様々な方法で情報を整理・分析する

情報が集まると、すぐにまとめ・発表の準備…と進めがちですが、探究的な学びでは、整理・分析の過程が欠かせません。様々な情報から見えてくることはないか、自分が集めた情報は本当に他者に伝えるのに適したものなのか、しっかりと考える機会を設けることが大切です。整理・分析の方法をいくつか紹介します。

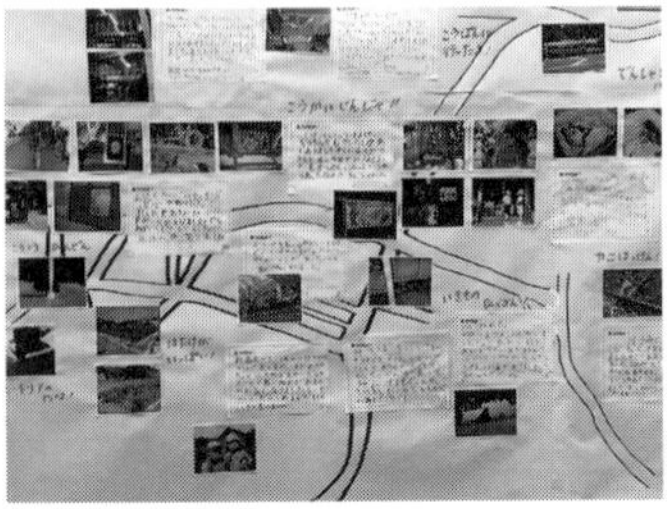

①地図を使って整理・分析する

地域を教材に学習を進める場合、地図を使った整理・分析が有効です。例えば、町探検で見つけた情報を付箋やカードに書き、校区の地図に貼っていけば、地域全体の傾向をつかめます。防災の学習では、過去に災害があった場所、危険な箇所などに関する情報を付箋やカードに書き出し、それを大きな地図に貼りつけていけば、どのあたりが危険であるかをひと目で把握できます。

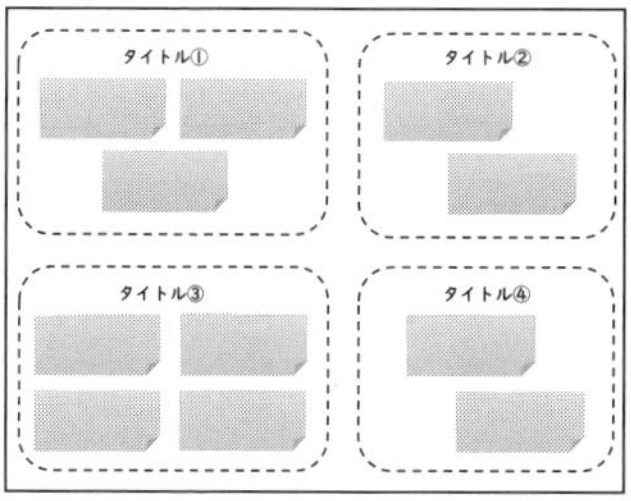

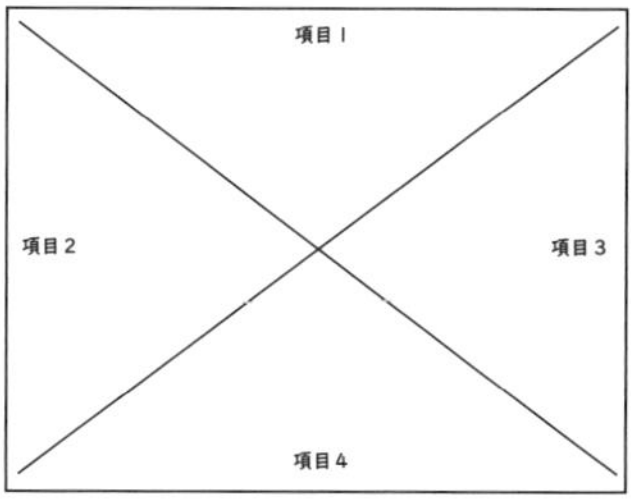

②表を使って整理・分析する

情報が複雑な場合、２つの項目を立てて表に整理する方法がおすすめです。例えば、地域の歴史に関する情報を多数集めた場合、「時代」と「主な出来事」の２つで表に整理を行えば、時代ごとの地域の変遷を整理することができます。

③チャート図を使って整理・分析する

チャート図を使って観点ごとに情報を整理する方法もおすすめです。Ｘチャート、Ｙチャートなどで情報を整理することで、多面的に対象を捉え直すことができます。

④ＫＪ法を使って整理・分析する

集めた情報の中から似たような情報を集め、整理する際にはＫＪ法が有効です。まずは個々が集めた情報を付箋に書き出し、模造紙などの大きな紙に貼りつけていきます。同じもの、似たようなものは１つのグループとしてまとめ、タイトルをつけます。こうすることで、効率よく情報を整理することができます。

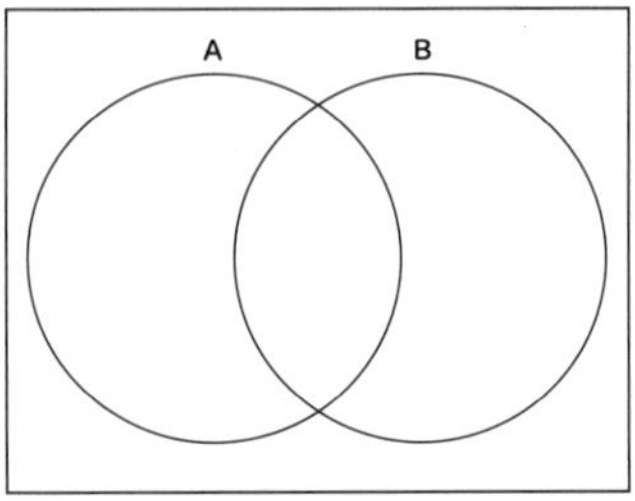

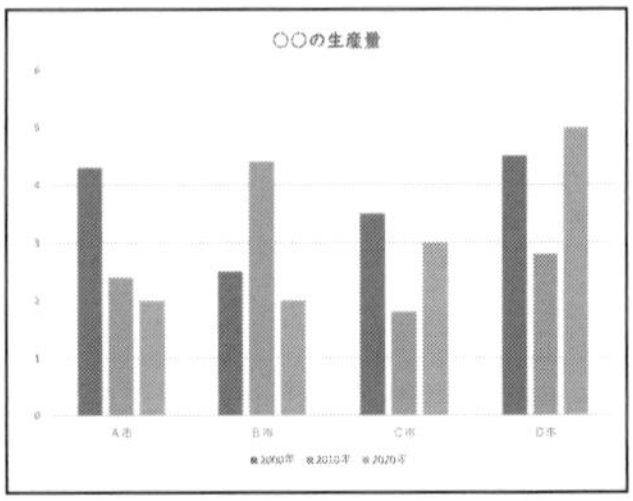

⑤グラフを使って整理・分析する

集めた情報が数値である場合は、ぜひグラフを使った整理・分析を勧めましょう。例えば、川の水質調査を行った場合は、地点ごとの川の汚れの数値を棒グラフに、観光客数について調べた場合は、観光客数の推移を折れ線グラフに表してみます。1人1台端末の表計算ソフトを用いれば、簡単にグラフ化でき、かつその特徴や課題などを捉えることができます。

⑥ベン図を使って整理・分析する

複数のものを比較する場合、ベン図を使った整理・分析がおすすめです。例えば、自然をテーマにした学習で、地域の山に関する情報と海に関する情報を比較してみると、「どちらも過去に比べて自然が減少している」という共通点が見つかるかもしれません。修学旅行で訪れた観光地と自分たちの地域の情報を比較すれば、「どちらもすばらしい文化財があるのに、自分たちの地域はＰＲが弱い」という相違点（課題）が見つかります。

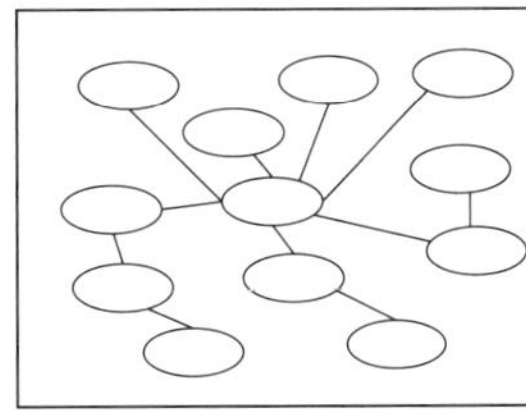

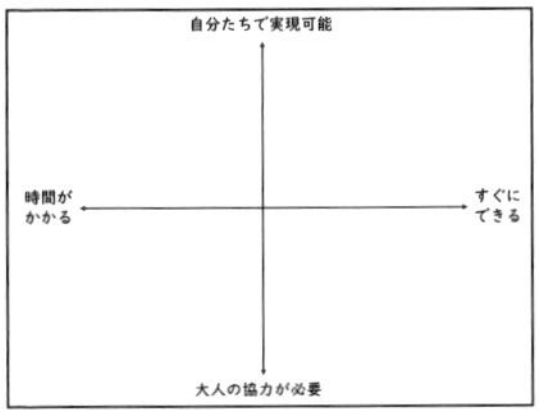

⑦コンセプトマップを使って整理・分析する

集めた情報をマップ上に並べて、線でつないだものをコンセプトマップといいます。どのようなつながりになっているかも記入させることで、それらの関係や関連を明らかにすることができます。

⑧座標軸を使って整理・分析する

実現可能かどうか、緊急に取り組むべきかどうかなど、課題解決の見通しをもたせたい場合は、座標軸を使った整理・分析が効果的です。例えば、地域の環境をよくするために、子どもたちが様々な方法を調べたり考えたりしたとします。縦軸に「自分たちの力でできるかどうか」、横軸に「時間的に可能かどうか」という視点で分類すれば、今後の活動の見通しをもたせることができます。

いくつか例をあげましたが、学習入門期（低・中学年）では教師がこうした整理・分析の方法を例示し、一緒に取り組むことから始め、最終的に子ども自身がこれらの方法を主体的に選択・決定できるように成長を促すことが大切です。

集めた情報について議論する

集めた情報を様々な方法で整理・分析した後は、ぜひ何かしらの議論を仕組んでみましょう。議論を行うことで、今後取り組むべきことやその方向性が一層明確になります。いくつか議論のパターンを紹介します。

①何を取り上げるか、議論する

例えば、地域のＰＲ活動に向けて、地域の史跡や観光地、歴史など、様々な観点で情報を集めたとします。これらを表やチャート図、コンセプトマップなどで整理した後は、「地域をＰＲするために何を取り上げるか」というテーマで議論を仕組みます。もちろんすべてを取り上げるという方法もありますが、ある程度絞り込みをかけて、内容を焦点化する方が得策と言えるでしょう。

方法は、１人ずつに「絶対にこれは入れるべき」というものを意思表示させてもよいですし、グループでランキング化させて、どのグループでも上位に集まったものを取り上げるという方法もあります。いずれにせよ、いきなり多数決で決めるということは避け、少なくとも、なぜその項目を取り上げるべきなのか、一人ひとりが真剣に意見を出し合うような議論の場を設けることが大切です。

②どの方向で取組を進めるか、議論する

これは過去に行った授業で実際にあった例ですが、当初地域の観光客を増やそうと思って様々な情報を集めているうちに、観光客増加に伴い、地域の自然が損なわれているという事実が明らかになりました。このとき、「予定通り観光客を増やすPR活動を行うべきか」「計画を変更して自然を守る啓発活動に取り組むべきか」で大激論になりました。子どもたちは、地域の人、観光客、自分たちと様々な人の立場に立ち、自分の考えを一生懸命述べていました。教材にもよりますが、集めた情報を整理・分析する中で、子ども自身に今後の方向性を委ねることも大切です。

③どのような方法でまとめ、表現し、実行するのか議論する

次節で取り上げる「まとめ・表現」とも関連しますが、集めた情報の整理・分析を踏まえ、どのような方法（ポスター、新聞、プレゼンテーション、映像など）でまとめ、表現し、実行するのかを子ども自身に議論させることが大切です。

また「どのように」という視点も大切ですが、それ以前に、「だれに」という視点も欠かせません。調べたことを伝える対象が異学年なのか、保護者なのか、地域の方なのか、もしくは不特定多数なのか、活動の目的に立ち返りながら議論を仕組むとよいでしょう。

11　まとめ・表現

教科・領域に応じたまとめ方、表現の仕方を決定する

集めた情報を整理・分析した後は、いよいよ学習の集大成とも言えるまとめ・表現の段階に移行していきます。まず、まとめ・表現の方法を授業者が選択・決定するのか、学習者である子どもたちが選択・決定するのかということですが、教科・領域、また学習の目的によって大きく異なります。

各教科は、まとめ・表現方法そのものに、学習の目的を置く場合が多いです。例えば、国語科であれば、プレゼンテーションは「話すこと」、作文は「書くこと」の内容として明確に位置づけられています。この場合、いくら探究的な学びが子どもの選択・決定を重視するといっても、やはり教師がまとめ方、表現の仕方を決めるべきでしょう（ただし、子どもが押しつけ感を感じないように、何かしらの工夫を行うことは必要です）。

一方、総合的な学習の時間については、まとめ・表現の方法を子どもたち自身が選択・決定することが大切です。問題を解決するために、また自分たちの描いたビジョンを実現

するために、目的、対象者、時間的な見通しなどをよく吟味しながら、最も適切な方法を選択・決定するように促します。

　私はこれまで6年生の担任を務めることが多かったのですが、どの学校でも、総合的な学習の時間は、地域の歴史や史跡などを教材にすることがほとんどです。社会科で歴史を学び、学校行事では修学旅行で日本の文化遺産に触れることから、その関連を図りやすいというのが主な理由です。

　ただし、同一校であっても、その年によって、まとめ・表現の方法は大きく異なります。ある年の6年生は、地域の歴史をPRするために、学校の空き教室を使って歴史資料館をオープンさせました。歴史資料館では、子どもたちが来館者に向けてポスターセッションを行ったり展示物を用意したりしました。また別の年の6年生は、歴史番組をつくりたいと言い出し、自分たちで映像を撮影したり編集したりして、最終的に20分間程度の番組を完成させました。

　目的が明確であれば、どのようなまとめ・表現になってもよいと思います。むしろ、毎年同じまとめ方、表現の仕方だと、子どもの意欲低下を招きかねません。持続可能な単元にするという意味でも、総合的な学習の時間の表現方法は子どもに委ねるべきでしょう。

様々な方法でまとめ・表現する

各教科では、6年間で多様な表現方法を系統的に身につけさせ、総合的な学習の時間には、それらの学習経験を生かしながら、自分たちで方法を選択・決定することが大切になります。ここでは、様々なまとめ方、表現の仕方をあげてみたいと思います。

①ポスターセッション

調べたことや考えたことをポスターにまとめ、聞き手にポスターを示しながら内容を解説する発表形式です。ポスターには文字やイラスト、写真、グラフなどを入れるなどして、視覚的にわかりやすくなるように工夫します。作成に時間がかかるというデメリットがありますが、一度つくってしまえば、継続して掲示することができ、多くの人に見てもらえるというメリットがあります。

②プレゼンテーション

1人1台端末のこの時代、最もおすすめなのがこのプレゼンテーション形式の発表です。各教科で鍛えておけば、1つのスライドを短時間で作成できるようになります。グループ発表の場合、1つのプレゼンを同時進行で作成できるように環境を整えておけば、時間のロスも防げます。

③パンフレット、新聞

不特定多数の人に配付したいと思ったら、パンフレットや新聞がおすすめです。作成したものを必要な部数だけ印刷できる（手書きであればコピーする）ので、非常に効率よく、調べたことや考えたことを伝えられます。私の場合、地域の特産物や観光地、歴史などをＰＲする際は、駅や市役所、公民館、地域の商店などに一定期間おいていただくという取組を頻繁に行っています。

④劇

総合的な学習の時間などで調べたことを脚本化し、劇にして発表する方法です。学芸会でこの劇を演じれば、多くの保護者、地域の方に、自分たちが調べたことや考えたことなどを伝えることができます。教師が一方的に台本を用意するのではなく、子どもたちが協力して台本づくりに当たるようなプロセスを設けることが大切です。

⑤ものづくり

商品開発、伝統工芸品、防災グッズなど、具体的な制作やものづくりを行う方法です。もともと子どもたちは制作やものづくりに強い興味関心をもっているので、進んで探究する姿が見られるでしょう。

⑥広告・チラシ・ポップ

地域の特産物や観光地などをPRする方法として、広告やチラシ、ポップの作成などがあげられます。これらは、1つ作成してしまえば、コピー・印刷などで不特定多数の人に多く配布できるというよさがあります。広告やチラシに載せるキャラクターを自分たちで考案させたり、ポップに載せるキャッチコピーを考えさせたりするのもおすすめです。

なお、完成した広告やポップ、チラシなどは、③のパンフレットや新聞と同様に、ぜひ地域の商店などに置かせていただくように依頼させてみましょう。子どもたちが地域社会に貢献する1つのよい機会となります。

⑦映像制作

学校や地域のPRムービー、コマーシャル、番組制作など、端末内の動画編集アプリを活用し、映像制作を行う方法です。完成した映像は、校内で放映するだけでなく、SNS（学校の公式）を使って発信するという方法もあります。不特定多数の人に情報を伝えるという点で非常に有効な手段と言えるでしょう。また、何より映像制作は子どもたちが本気・夢中になって取り組む活動の1つです。もしも端末で動画編集アプリが活用できる環境があれば、ぜひ挑戦させてみてはいかがでしょうか。

⑧資料館、博物館、美術館などの開設

調べたことを基に、資料館や博物館などを開設する方法です。例えば、町探検や歴史探検などで集めた情報を基に、空き教室を使って「〇〇町ミュージアム」や「〇〇町歴史資料館」を開設してみてはいかがでしょうか。マップ、年表、ポスター、番組の放映など、子どもたちからたくさんのアイデアが出てくるでしょう。

⑨イベントの開催

地域の特産物をPRする「〇〇祭り」、防災の学習を生かした「防災フェスティバル」など、子どもたちがお祭り、フェスティバルなどのイベントを主体的に開催する方法です。ポスターセッション、体験コーナー、作品展示など、様々なブースの準備に分担して取り組みます。イベントには異学年や保護者、地域の方などを招待し、自分たちが学んだことを様々な形で発表します。子どもたちの企画力、実行力を高める絶好の機会となるでしょう。

なお、⑧⑨については、資料館やイベントを開設、開催するという共通の目標に向かって、一人ひとりがまとめ、表現方法を自由に選択・決定できるというよさがあります。総合的な学習の時間で最もおすすめの方法です。

12　学習評価

探究的な学びをどう評価するか

子どもたちのよりよい成長を促すうえで、学習評価は欠かせません。一人ひとりの子どもにどのような資質・能力が身についたのか、もしくは身につかなかったのかを明確にすることで、今後の指導や支援の在り方を、その都度改善していくことができるからです。

この学習評価を行う前提として、本章の第3節でも触れたように、総合的な学習の時間を中心とした探究的な学びにおいて、自校でどのような資質・能力を育てようとしているのか、明確にする必要があります。そのうえで、様々な方法で子どもたちの学習状況を適切に評価していくことが大切です。いくつかの評価方法をお示しします。

①観察による評価

子どもたちの発表や話し合いの様子、学習や活動の状況などを観察し、評価を行います。プレゼンテーションを用いた発表などは、その様子を録画しておき、後から時間をかけて分析を行う場合もあります。

②制作物による評価

レポートや作文、プレゼンテーション資料、ポスターなど、制作物を基に行う評価です。子どもたちがどのようなこだわりをもってその作品を制作したのか、その制作を通してどのように成長したのか、完成品はもちろん、制作過程にも着目して評価を行うことが大切です。

③振り返りによる評価（自己評価）

探究的な学びを進めるうえで、振り返りの時間は欠かせません。1時間もしくは1単元の中で、何をどのように学び、何ができるようになったのかなど、自分自身の学びの過程や変容を自覚できる場面を設けることが大切です。教師側も、この振り返りを基に、子どもたちの変容や成長を見取ることが大切です。なお、忙しい中でも、子どもの振り返りには極力赤ペンでコメントを書いて返し、子どもたちを励ますようにしています。

④子ども同士の評価（相互評価）

評価は何も教師だけが行うものではありません。時には、子ども同士で学習状況を評価し合う場を設けることが大切です。この相互評価が最も効果的なのは、まとめ・表現の場面です。例えば、地域のＰＲ活動の一環として、子どもたちがパンフレットや広告などの制作物をつくったとします。その際、それぞれの制作物について、よい点・改善すべき点を、それぞれ違う色の付箋に書くように指示します。付箋をもらった後は、そのコメントを基に、さらに制作物を改善していくという流れです。プレゼンテーション発表も同様で、リハーサルの際に、お互いに相互評価し合う場を設けるとよいでしょう。

⑤第三者による評価

保護者や地域の方、有識者などに評価をお願いする方法も有効です。以前、人口減少が進んでいる自分たちの地域を活性化させるために、子どもたちがいろいろなアイデアをプレゼンテーションする学習を行いましたが、その際、地域の方に多数参加していただき、それぞれの発表を評価していただきました。最終的には、地域の方が子どもたちのがんばりを大絶賛してくださり、全体として、温かい雰囲気で発表会を終えることができました。この他、校内の先生方や異学年（自分たちより上の学年がおすすめ）に協力を仰ぎ、評価をしてもらうという方法もあります。

様々な学習評価の方法について説明しましたが、大切なのは、教師自身もこの評価を基に、授業改善を行うことです。目の前の子どもたちの姿をしっかり分析し、その都度、指導計画や支援の在り方をどんどん改善していきましょう。

第3章 「探究的な学び」の実践事例

1年　生活科

「学校探検に行こう！」（15時間）

学校の秘密をたくさん見つけて、いろいろな人に教えてあげよう！

1　単元の概要

①目標

学校を探検したり自分のお気に入りの場所やその場所に関わる人を紹介したりする活動を通して、学校の施設の様子や学校生活を支えている人々と自分との関わりに気づくとともに、楽しく安心して学校生活を送ることができるようになる。

②評価規準

【知識・技能】
・学校にはたくさんの施設や自然があることに気づいている。
・学校の施設のことがわかり、学校生活を支えている人がいることに気づいている。
・学校のよさや人と関わることのよさに気づいている。

【思考・判断・表現】
・きまりやマナーを守りながら学校探検をしている。
・友だちや先生などの人と関わり合いながら、施設に関する様々な情報を見つけている。
・お気に入りの場所について見つけたことを、絵や写真、言葉などで自分なりに伝えている。

【主体的に学習に取り組む態度】
・進んで学校探検に参加し、学校のことを知ろうとしている。
・繰り返し学校探検を行い、人や場所に関わろうとしている。
・学校の様子を進んで伝えようとしている。
・これからの学校生活を楽しみにしている。

③単元計画

①幼稚園・保育園にあった場所を交流し合い、学校にはどんな場所があるのか、またどんな人がいるのかという問いをもつ（1時間）

②1回目の学校探検を行う（1時間）

③1回目の学校探検で見つけたものや困ったことなどを交流し合うとともに、2回目の学校探検に向けて、計画や作戦を練る（3時間）

④話し合ったことを生かして、2回目の学校探検を行う（1時間）

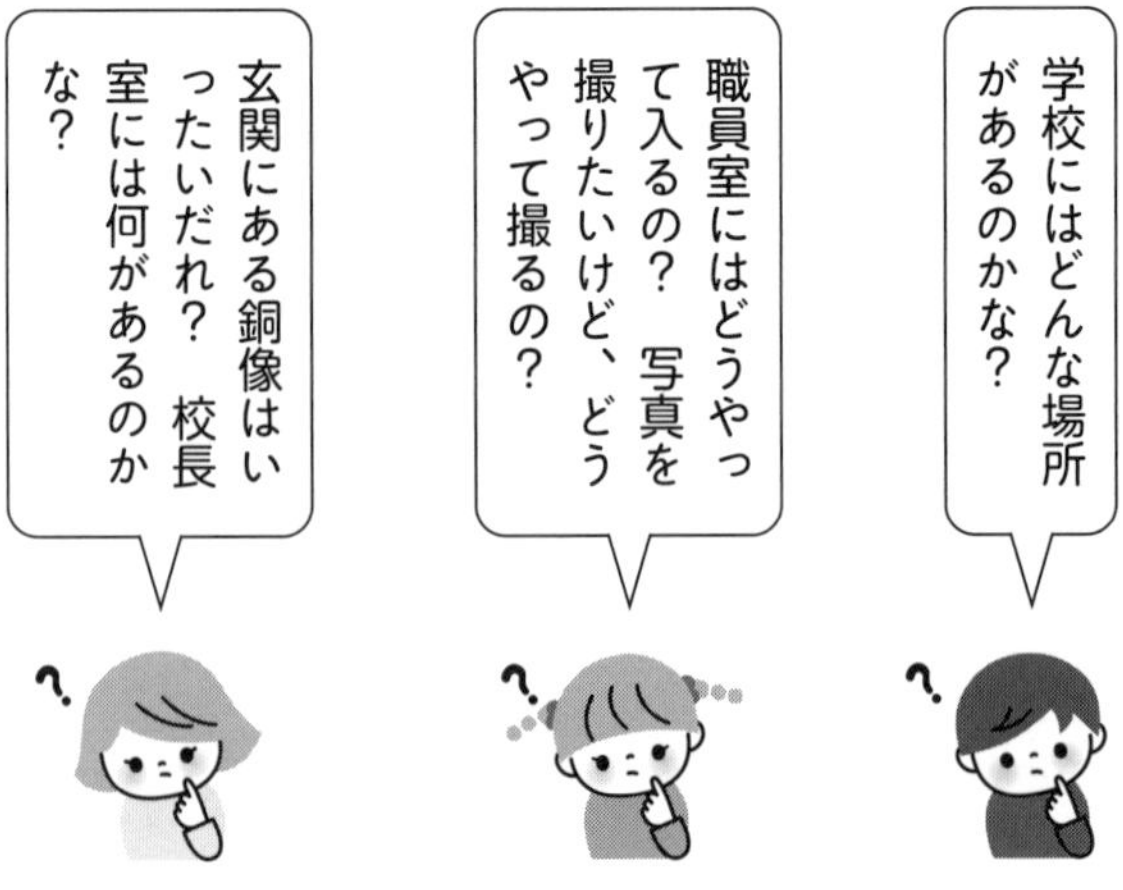

学校にはどんな場所があるのかな？
職員室にはどうやって入るの？ 写真を撮りたいけど、どうやって撮るの？
玄関にある銅像はいったいだれ？ 校長室には何があるのかな？

⑤2回目の学校探検の報告をし合い、自分が追究したい場所を選択・決定する（2時間）

⑥教頭先生に、それぞれの場所に詳しい人がだれなのか聞き取りする（1時間）

⑦それぞれの場所に詳しい学校の人を探してインタビューする（2時間）

⑧学校についてわかったことをまとめ、発表の練習をする（3時間）

⑨家族や地域の人に学校の秘密を発表する（1時間）

どの場所を詳しく調べようかな？
わからないことはだれに聞けばいいのかな？
発見したことをだれに伝えようかな？
学校探検の学習で、何ができるようになったかな？

2　探究的な学びのポイント

①子どもの問いから学習活動を生み出す

生活科は、生活や学習における子どもたちの問いを起点にして学習を展開することが大切です。単元の冒頭では、自分の通っていた幼稚園や保育所の情報を交流する中で、学校にはどのような場所があるのか、またどんな人がいるのかという問いを生み出します。また、探検は一度きりではなく、必要に応じて何度も繰り返し行います。その中で生まれた様々な問いを、子ども自身が解決していけるように支援を行います。

②探検したい場所、探究したい場所は子ども自身に選択・決定を促す

私の場合、第1回目の探検から、子ども自身に行きたい場所を自己決定・自己選択させるようにしています。もちろん、サポートを管理職や他の教員にお願いし、最大限の安全確保は行いますが、1年生の段階から、自分で決めるという経験は、探究的な学びを進めるうえで欠かせません。さらに探究したい場所についても自身で決めるように促します。

③困難に出合わせ、自分の力で乗り越えさせる

職員室への入り方がわからない、特別教室に鍵がかかっている、探している人（先生）が見つからない…など、学校探検を行う中で、子どもたちは様々な壁（困難）に出合います。こうした困難に対し、「どうすればいいと思う？」と問いかけたり、「こうすればどう？」と方法を示したりして、自分で乗り越える経験を積ませることが大切です。

④教師は「学びのサポート役」に徹する

先にあげた職員室への入り方、鍵の借り方、さらには発表の仕方やデジタル機器の使い方など、子どもが必要と感じた様々な手段・方法については、当然どこかのタイミングで教師側から提示する必要があります。ただし、すべてを担任が行う必要はないと思います。職員室の入り方や鍵の借り方などは、「教頭先生に質問しに行けばわかるよ！」と助言し、みんなで教えを請う機会を設けましょう。学校探検で生まれた様々な疑問についても、「○○先生がもしかするとよく知っているかもしれないよ」と助言し、自分でその先生に聞き取りに行くように促します。このように、教師は「学びのサポート役」に徹し、子どもの学習活動を支援することに全力を尽くしましょう。

3　単元展開

①幼稚園・保育園にあった場所を交流し合い、学校にはどんな場所があるのか、またどんな人がいるのかという問いをもつ（1時間）

多くの子どもたちが、小学校に入学する前に、幼稚園や保育所などでの生活を経験しています。そこで、単元の冒頭では、「みんなが通っていた幼稚園や保育所にはどんな場所があったの？」と発問することから学習をスタートします。

「ぼくたちの幼稚園には園長先生の部屋があったよ」

「私たちの保育所にはプレイルームという大きな部屋があったよ」

「おいしい給食をつくるお部屋もあったよ」

「いつもみんなの遊ぶ場所をきれいにしてくれる先生がいたよ」

子どもたちは自分たちが通っていた幼稚園や保育所などの場所や人について、意欲的に説明してくれます。そこで、「では、この学校にはどんな場所があって、どんな人がいるのかな？　みんなで探検してみよう！」と展開し、学校探検への意欲を高めます。

②1回目の学校探検を行う（1時間）

1回目の学校探検は、教師と一緒に全員で列をつくって行く場合が多いですが、私は、思い切っていきなり最初からグループで回らせるようにしています（ただし、他の先生方や高学年児童の協力を得ながら、安全確保に努めるなどの配慮が必要です）。廊下や階段を走らない、危ないことをしないなど、最低限の約束を確認したうえで、最初はとにかく行きたいところへ自由に行かせてみましょう。特別教室に鍵がかかっていても問題ありません。こうした困難も、必要な経験と割り切りましょう。

③1回目の学校探検で見つけたものや困ったことなどを交流し合うとともに、2回目の学校探検に向けて、計画や作戦を練る（3時間）

1回目の学校探検を終えると、まずはお互いに見つけたものを自由に発表し合います。教師はウェビングなどを使って、黒板に子どもの声をまとめます。ある程度意見が出たところで、「相談タイム」と銘打って、みんなで困ったことを交流し合います。

「鍵がかかっていて入れない部屋がありました」
「○○くんが先に行ってしまうので、後ろの人が大変でした」

一つひとつの問題点に対し、「では、どうすればいいのかな？」と発問します。

「鍵は職員室という部屋で借りられると思うよ。でもなんて言えばいいんだろう……？」

「後ろの人が困らないように、みんなでゆっくり歩くようにしよう！」

このようにして、2回目の探検がよりうまくいくように計画を立てます。

また、このタイミングで、「みんな自分の探検した場所を伝えてくれたけど、どうすればもっとわかりやすく伝えられると思う？」と発問してみましょう。きっと子どもたちから「写真を撮って友だちに見せてあげればいい」といった意見が出るはずです。

このようなやりとりを経て、次の時間はまず、職員室に鍵を借りに行く練習を、その次の時間はカメラ（タブレット端末）の使い方を練習する時間を設けます。このように、必要感をもったうえで学習を進める「循環的な学び」を意識することが大切です。

④話し合ったことを生かして、2回目の学校探検を行う（1時間）

2回目の探検になると、子どもたちは自分で職員室に行って鍵を借りたり、カメラやタブレット端末を使って写真や映像を撮影したりできるようになります。グループで一層協力して探検を行う姿も見られるようになるでしょう。また、出発前に、「たくさんのハテナを見つけられたらいいね。だれが一番ハテナを見つけてくるかな?」などの声かけをしておけば、子どもたちはたくさんの疑問を見つけてくるようになります。

⑤2回目の学校探検の報告をし合い、自分が追究したい場所を選択・決定する（2時間）

２回目の学校探検で見つけたものを交流します。その中で、自分の見つけたハテナについても報告し合います。

「音楽室に行ったけど、見たことない楽器がありました。名前がわかりません」
「校長室に行ったときに、写真がたくさんありました。だれなのかなと思いました」
「学校の靴箱の前に銅像がありました。何の銅像なのか気になりました」

ハテナが見つけられなかった子には、他の子からの「質問タイム」などを設けてもよいかもしれません。

子どもの意見は黒板に整理しながらまとめます。そのうえで、「みんなたくさんのハテナを見つけられたね。では、今度は、１人ずつ詳しく知りたい部屋を選んで、もっと探検してみようか!」と投げかけます。ネームプレートなどを利用して、さらに追究したい部屋を選択・決定するとよいでしょう。

⑥教頭先生に、それぞれの場所に詳しい人がだれなのか聞き取りする（1時間）

音楽室に詳しい先生、理科室に詳しい先生などを担任が子どもたちに紹介するのは簡単ですが、ここはやはり、せっかくの探究する機会。子ども自身が探っていくように仕向けましょう。「みんなだれかに質問したいのだね。教頭先生に聞けば、だれが詳しいか教えてくれるかもしれないよ」と子どもたちに投げかけ、自分で質問に行くように促します。教室で数回練習してから、教頭先生のもとへ行かせるようにしてもよいでしょう。

せんせいへの　しつもんの しかた

①1ねんせいの(　　　　)です。
いま、おじかんよろしいですか。

②(　　　　)せんせいに、しつもんが
あります。

③［　　　　　　　　］ですか。

④ありがとうございました。

インタビューのヒントカード

⑦それぞれの場所に詳しい学校の人を探してインタビューする（2時間）

ここからは、子どもたちがそれぞれの場所に詳しい学校の人を探してインタビューすることになります。上に示したようなカードを用いて、基本的な質問の仕方を練習したら、早速インタビューに行きます。当然、その先生が見つからないこともありますし、せっかく見つけたのにうまく質問できないこともあるでしょう。こうした困難や失敗をどんどん子どもたちに経験させ、粘り強く取り組むように促します。

⑧学校についてわかったことをまとめ、発表の練習をする（3時間）

インタビューで知った新しい情報を教室で交流した後、「みんな、たくさんの秘密を見つけられたね。このことをだれかに教えてあげたくないですか？」と投げかけてみます。

「家族に教えてあげたい！」

「学校にときどき来ているお年寄りのみなさんにも教えてあげたいな」

このようなやりとりを経て、家族には参観日に、地域の方には特別に発表の日を設けて、伝える活動を計画します。

1年生のこの時期は、まだ上手に文字や文が書けません。そこでおすすめなのは、絵や写真で伝えるという方法です。子どもがかいた絵は、教師がスキャンしてデータ化します。このデータ化された絵や子どもが探検で撮影した写真を使えば、立派なプレゼンテーション資料になります。この資料を提示しながら、発見した学校の秘密発表会を仕組みます。

また、基本的な説明の仕方については、1年生という発達段階を考慮し、次ページのようなワークシートを用意する方法もあります。ワークシートが完成すると、何も読まずに話せるようになるまで繰り返し練習に取り組みます。上手に話せたときは、シールなどをプレゼントして意欲を高める方法も効果的です。

学校の秘密発表会の様子

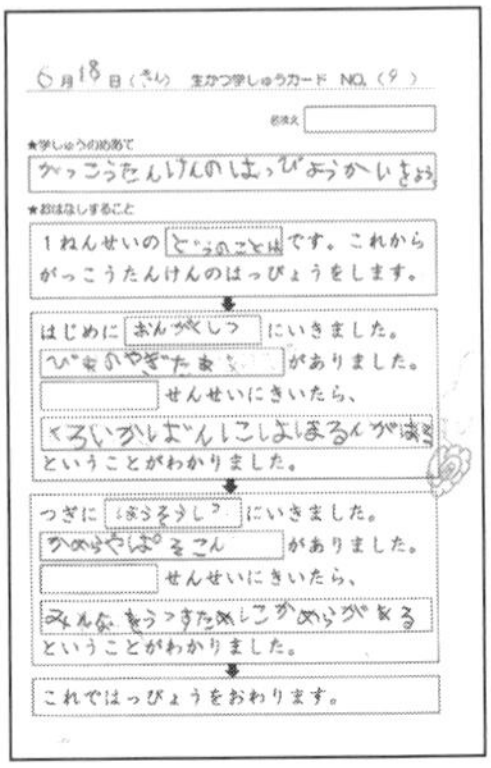

6月18日（きん）　生かつ学しゅうカード　NO.（9）

なまえ

★学しゅうのめあて

がっこうたんけんのはっぴょうかいをしよう

★おはなしすること

1ねんせいの［　　　］です。これから
がっこうたんけんのはっぴょうをします。

はじめに［おんがくしつ］にいきました。
［　　　］がありました。
［　　　］せんせいにきいたら、
［　　　］
ということがわかりました。

つぎに［ほうそうしつ］にいきました。
［　　　］がありました。
［　　　］せんせいにきいたら、
［みんなをうつすためにかめらがある］
ということがわかりました。

これではっぴょうをおわります。

発表の際に用いたワークシート

なお、発表の練習については、国語科で指導するという方法も考えられます。すべてを生活科で実施しようとせず、カリキュラム・マネジメントを取り入れ、様々な教科で横断的に指導していくようにしましょう。

⑨家族や地域の人に学校の秘密を発表する（1時間）

「学校のひみつ大発表会」として、調査したことを伝える場を設けます。対象は保護者や地域の方、もしくはその両方など、いろいろな方法が考えられます。こうした場をもつことの最大のメリットは、保護者や地域の方から、子どもたちに対して、肯定的な評価（声かけ）がいただけるということです。「ありがとう」と感謝の気持ちを告げられた子どもたちは、満足感や達成感を味わい、その経験がさらに次の探究への意欲となります。

評価のポイント

❶行動観察やつぶやきを中心に評価を行う

入学して間もない1年生は、まだ十分に文字や文が書けません。そこで、本単元の場合は、評価規準で示した項目について、行動観察やつぶやきを中心に評価を行います。学校の施設や人について自分なりの気づきをもつことができているか、自分から友だちや先生に関わることができているか、発見したことを自分なりに伝えようとしているかなどを、しっかりと観察します。また、探検から帰ってきた子どもたちに「どんな発見があったかな?」と問いかけたり、探検の報告会を行ったりして、個々の気づきを言語化する機会を数多く設けることも大切です。1回のみの観察で評価するのではなく、一人ひとりの変容に着目しながら、継続的に評価を行うようにしましょう。

❷相互評価・第三者評価を取り入れる

まとめ・表現の段階では、友だち同士で評価し合う相互評価や地域の方からの第三者評価を積極的に取り入れます。お互いの発表の仕方のよい点や改善点を伝え合う場を設けることで、子どもたちの表現力はより高まります。また、地域の方からおほめの言葉をいただけば、子どもたちの意欲や自信を一層高めることにつながります。

2年　生活科

「わたしの野菜を育てよう」（15時間）

自分たちの力で野菜を育て、守り、お世話になった人たちに届けよう！

1　単元の概要

①目標

　自分たちで野菜を育てる活動を通して、変化や成長の様子に関心をもって働きかけ、それらの様子に気づき、親しみをもって接するとともに、成長の過程で起こる様々な問題を自力で解決し、粘り強く最後までやり切ることができるようになる。

②評価規準

【知識・技能】
・野菜の特徴、変化や成長の様子に気づいている。
・野菜は生命をもっていることや成長していることに気づいている。
・野菜への親しみが増し、上手に世話ができるようになったことに気づいている。
・野菜の特徴に合わせた適切な仕方で世話をしている。

【思考・判断・表現】
・野菜の特徴などを意識しながら、育ててみたい野菜を選んだり決めたりしている。
・野菜の特徴、変化や成長の様子に着目して、観察したり世話をしたりしている。
・動植物の立場に立って関わり方を見直している。
・野菜を育てる活動を振り返り、表現している。

【主体的に学習に取り組む態度】
・野菜のよりよい成長を願って、繰り返し、粘り強く関わろうとしている。
・野菜の特徴、変化や成長の様子に応じて、世話をしようとしている。
・生き物に親しみをもったり、自分の関わりが増したことに自信をもったりしたことを実感し、生命あるものとして関わろうとしている。

③単元計画

①自分の力で野菜を育てたいという意欲をもつ（1時間）
②野菜の育て方を本や聞き取りなどを通して調べる（2時間）
③野菜の苗を植え、日々お世話をするとともに、成長する野菜を継続的に観察する（4時間（苗植え1時間、観察3時間））

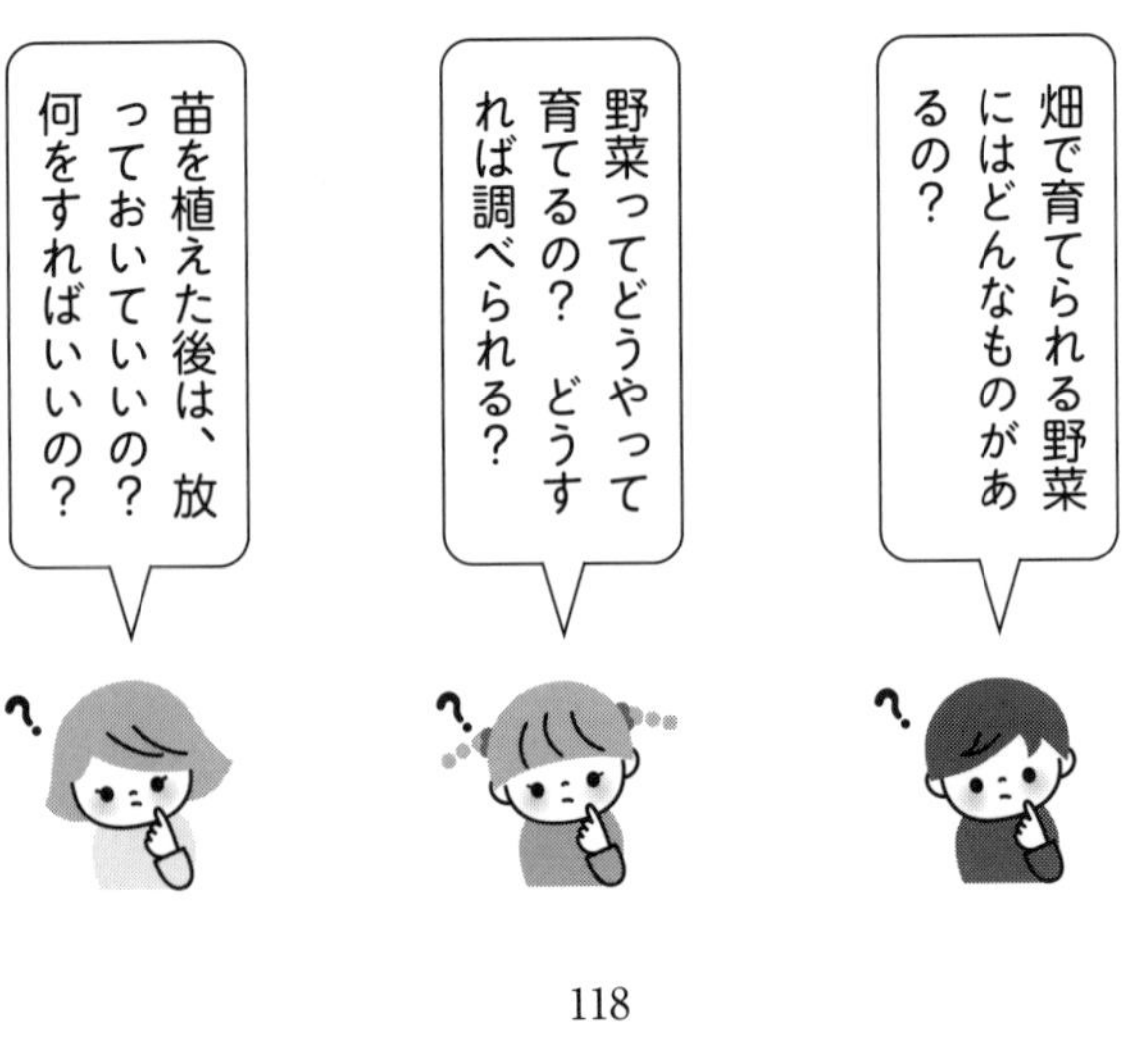

畑で育てられる野菜にはどんなものがあるの？
野菜ってどうやって育てるの？　どうすれば調べられる？
苗を植えた後は、放っておいていいの？何をすればいいの？

④カラス対策について議論し、自分たちで考えた方法を実行する（3時間）

⑤収穫した野菜をどうするか話し合い、活動計画を立てる（3時間（計画1時間、準備2時間））

⑥イベントを開いて野菜をプレゼントする（1時間）

⑦活動を振り返り、できるようになったことをまとめる（1時間）

大切な野菜をどうすれば守ることができるかな？
できた野菜をどうする？　自分たちが食べればそれで満足？
何ができるようになったかな？　また、どんな人にお世話になったかな？

2　探究的な学びのポイント

①1人ずつ育てたい野菜を選択し、自分の野菜を責任をもって育てるように促す

生活科で野菜を育てる活動は、ほとんどすべての学校で行われていると思います。多くの学校では、教師が育てる野菜を決めて、全員で苗を植えて、分担して水やり、最後は全員で収穫、という流れをとっていると思いますが、ここで大切なのは、自分で育てたい野菜を決めて、自分の野菜を責任をもって育てるようにすることです。そうすることで、子どもは自分の野菜に一層愛着をもち、上手な育て方を探究したり、粘り強くお世話をしたりするようになります。

②困難に出合わせ、自分の力で乗り越えさせる

育て方がわからない、せっかく大きく育ってもカラスなどに食べられる…など、野菜を育てる過程で、子どもたちは様々な困難に出合います。教師はこうした困難に対して、子どもたちが失敗しないように安易に手を差し伸べてしまいがちですが、こうした困難・失

敗は、子どもたちの探究心を高める絶好のチャンスです。

「育て方がわからないのだね。では、どうすれば調べることができるかな?」

「育てた野菜がカラスに食べられてしまったんだね。どうすればいいと思う?」

このように、子ども自身が解決方法を探り、取り組んでいけるように支援を行います。

③「夢希望実現型学習」から「学校地域貢献型学習」へ発展させる

順調に育てば、春に植えた野菜は、1学期末の7月ごろに収穫の時期を迎えます。小さかった苗が大きく育ち、次々と野菜を実らせると、うれしそうに収穫したり野菜を家に持ち帰ったりする子どもたちの姿が見られるでしょう。

ここで大切なのは、「このまま自分たちだけが野菜を手にし続けてよいのか」という問いを子どもがもつように展開することです。経験上、「この野菜を他の人にもプレゼントしたい」というつぶやきが必ず聞かれます。このつぶやきを見逃さず、みんなで野菜をどうするかという議論を仕組みます。だれかにプレゼントする、料理してふるまうなど、いろいろなアイデアが出てくるでしょう。「野菜を育てたい」という「夢希望実現型学習」から、だれかのためにという「学校地域貢献型学習」に徐々に発展させることが大切です。

3　単元展開

①自分の力で野菜を育てたいという意欲をもつ（1時間）

単元の導入は、子どもたちが育ててみたい野菜を選択・決定することから始めます。通常この活動では、教師が育てる野菜を指定することが多いですが、子どもが自分で育ててみたい野菜を選び、1人1種類ずつ育てた方が、より主体的な学びを生み出すことができます（キュウリ、トマト、ナスなど、野菜は何でもよいですが、夏に収穫できる種類に限定しましょう）。育てる野菜が決まったら、次はそのためにどのような取組が必要であるかを考える時間を設けます。野菜の育て方について図書室で調べる、野菜の名人さんに聞く、苗を植えて毎日水やりをする…など、子どもたちから出てきた様々な意見を基に大まかな活動計画を立てます。

②野菜の育て方を本や聞き取りなどを通して調べる（2時間）

子どもたちにとっての最初の困難は、野菜をどのように育てるかということです。教師が一方的に教え込むことは避け、自分たちで図書室の本を使って調べたり聞き取り調査を行ったりするように促します。また、子どもによっては、家から野菜づくりの本を持って来たり、家族に聞き取り調査を行ったりするかもしれません。そうした主体的な姿をしっかりとほめ、評価していくようにしましょう。

なお、どの地域にも、野菜づくりに詳しい方がおられるものです。そういった方に学校に来ていただき（もしくは子どもたちが直接訪問してもよい）、野菜づくりのアドバイスをお願いすることも考えられます。

③野菜の苗を植え、日々お世話をするとともに、成長する野菜を継続的に観察する（4時間〈苗植え1時間、観察3時間〉）

野菜の育て方をひと通り学習した子どもたちは、いよいよ畑へ行き、野菜の苗を植えることになります。畑を耕したりシートを張ったりする作業もすべて自分たちで行い、1人ずつ野菜の苗を植えます。この「1人ずつ」というのが探究的な学びでは欠かせません。

過去にこの実践を行ったあるクラスでは、子どもたちからの発案で、看板をつくることになりました。こうした取組も、野菜への愛着を高めるうえで大切です。

地域の名人さんに教えてもらう

手づくりの野菜の看板

苗を植えた後の子どもたちは、継続的に水やりや成長の様子の記録を行います。野菜の種類によっては、支柱を立てたり間引きをしたり追肥をしたりしなければならないものもあります。可能であれば、地域の野菜づくりに詳しい方にアドバイスをもらいながら進めていくようにしましょう。

5月24日（月）　生かつ学しゅうカード　NO.（10）

名まえ

★学しゅうのめあて

やさいのかんさつをしよう。

★やさいのかんさつをしよう！

★きがついたことを書いてみよう！（野さいはほんとうにげんきかな？）

ナスのかんさつをしました。前のナスよりせがのびていました。はの色は、みどりで、むらさきでした。
先生に、はが、たべられていてもだいじょうぶかを聞いてみたいです。

大きくそだっていますね。　にしっかりしつもんしてみよう！

日々の観察カード
ちょっとした変化や成長の様子，疑問点などについて定期的に記録を行う

④カラス対策について議論し、自分たちで考えた方法を実行する（3時間）

6月下旬。収穫が待ち遠しいこの時期、以前勤めていた学校では、畑で育ったキュウリやトマトがカラスにねらわれるということが頻繁に起こりました。せっかく育ててきた野菜が被害を受ける。子どもたちにとって、これほど悲しく、腹立たしいことはありません。被害を受けないように、教師が何かしらの対策をするのは簡単ですが、こうした困難を自分たちで乗り越えることが大切だと考え、話し合いの場を設けることにしました。

野菜をねらうカラス

まず大前提として、カラスを退治するのか、カラスを退治することなく野菜を守るのかを話し合っておく必要があります。この大前提が決まっていないと、「武器をつくってカラスを攻撃する」「カラスの巣を壊す」といった、生き物を大切にするという生活科の本来の目的から逸れた対策が多数出てきてしまいます。以前担当したクラスでは、この大前提について議論した結果、「カラスも一生懸命生きているのだから退治はよくない。カラスを傷つけることなく、野菜を守る方法を考えよう」という方向で話し合いが進みました。

ネットをつくり直す子どもの様子

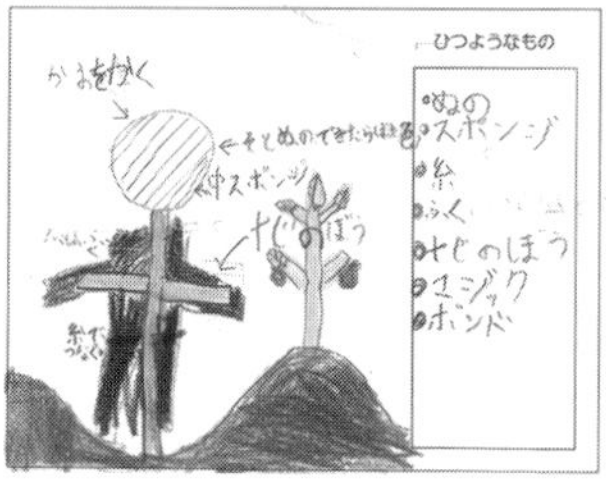

カラス対策作戦カード

方向性が決まったら、次は具体的な方法を考えます。私のクラスでは、ネットを張る、かかしをつくる、キラキラ光るもの（CDなど）を取りつける、といった案が出されました。考えたアイデアは、上に示したような作戦カードに表現しました。これも育てる野菜を決める際と同じで、一人ひとりが自分なりの対策を考え、実行することが大切です。

なお、その対策が功を奏すかどうかは、実際に試したうえで子ども自身が気づくように仕向けることが大切です。実際に、過去に野菜のまわりをネットで囲んだ子がいましたが、肝心の部分がすきまだらけで、結局被害を受けるということがありました。その子は自分でこのままでは不十分ということに気づき、さらにネットをつけ足すという方法を取りました。つい教師は完璧なものを求めるあまり、必要以上にアドバイスをしがちですが、実際に自分で試しながら、不十分な点に気づき、改善を重ねる過程を重視することが大切です。

⑤収穫した野菜をどうするか話し合い、活動計画を立てる（3時間（計画1時間、準備2時間））

7月になると、次々と夏野菜が収穫の時期を迎えます。自分たちで育てた野菜です。最初のうちは、もちろん自分たちで食べたり家に持って帰ったりすべきでしょう。しかし、次々と収穫される野菜を目にしていると、必ず「この野菜をだれかにプレゼントしたい」という声が上がります。この声を基に、「収穫した野菜をどうするか」という話し合いを仕組んでみましょう。

私が担当したクラスでは、「八百屋さんを開く（ただし、実際に売るのではなく、おもちゃのお金で買い物ごっこ）」「野菜を使った料理でおもてなしをする」などのアイデアが出されました。どのような方法でもよいので、子どもたちにとって「やってみたい」「これなら感謝の気持ちが伝わる！」という方法で取り組ませてみましょう。

イベントを開くことが決まったら、ぜひ子どもたちに「より感謝の気持ちを伝えるためには、どんな工夫をすればよいかな？」と投げかけてみましょう。野菜と一緒にお手紙を書いて渡す、これまでの野菜づくりの写真を見せながら発表するなど、いろいろなアイデアが出てきます。これらのアイデアを生かしつつ、一緒に準備を進めていきましょう。

⑥イベントを開いて野菜をプレゼントする（1時間）

いよいよインベントの本番です。招待するのは地域の方なのか、保護者なのか、もしくは異学年（1年生）なのか、子どもたちの企画によって異なりますが、いずれにしても、だれかを喜ばせたいという思いは共通していると思います。私の担当したクラスでは、八百屋さん（おもちゃのお金を使用）を開いて、子どもたちが地域の方に野菜をプレゼントしていました。手づくりのレシート、手づくりの手紙を添えながら、うれしそうに野菜をプレゼントしている様子が印象的でした。

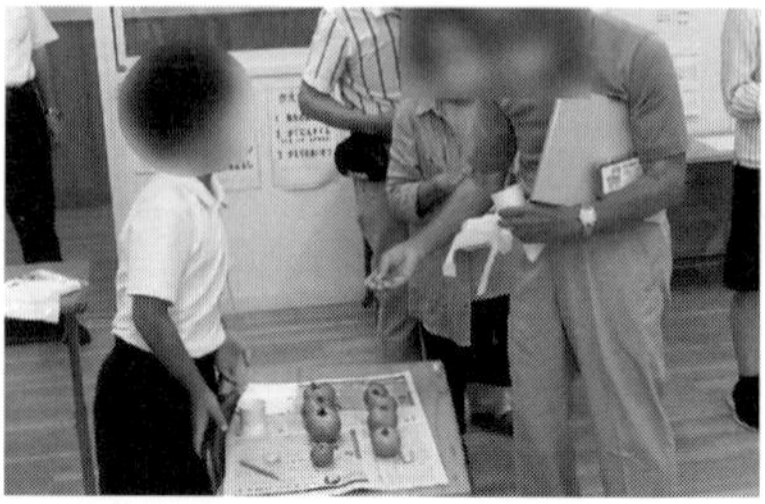

八百屋さんを開いて野菜をプレゼント

⑦活動を振り返り、できるようになったことをまとめる（1時間）

最後の1時間は、振り返りの時間にあてます。これまでの活動の様子を、写真を見ながら振り返り、できるようになったこと、がんばったこと、うれしかったこと、お世話になったことなどを話し合います。先生からも一人ひとりのがんばりをしっかりと称賛し、子どもたちが達成感を味わえるようにしましょう。

評価のポイント

❶観察カードや振り返りカードを中心に評価を行う

2年生になると、子どもたちは自分の体験したことや、その過程で考えたことなどを絵や文に表すことができるようになります。もちろん、行動観察やつぶやきなども評価の材料としますが、観察カードや振り返りカードなどを活用すれば、評価規準に示した項目が達成できているかどうか、教師側もゆっくり時間をかけて評価を行うことができます。

また、毎時間振り返りを書くことは、子どもにとっても自分自身を振り返るよい機会となります。可能な限り、振り返りの時間を設けるようにしましょう。

❷第三者評価を取り入れる

育てた野菜を保護者や地域の方にふるまうイベント活動を行った際は、ぜひとも感想を口頭で述べたりアンケート用紙などに記述したりしてもらいましょう。実際に、私がこの実践を行った際も、「上手に野菜ができていて驚いた」「おいしい野菜をもらってうれしかった」などの外部の方からの評価を多数いただきました。これらを子どもたちに紹介した際は、どの子も満足そうな表情を浮かべていました。このように第三者評価をうまく取り入れることで、子どもたちが主体的に学ぶことのよさを実感できるようにします。

3年　理科＋国語科

「昆虫館を開こう！」（11時間（理科7時間、国語科4時間））

自分たちで昆虫を育てて、昆虫館を開こう！

1　単元の概要

①目標

身の回りの昆虫を探して育てたり、昆虫の体のつくりや成長の過程、周辺の環境などについて調べたりすることを通して、それらについての理解や観察などの技能、共通点や相違点を見いだす力を身につけ、主体的に問題を解決しようとする。

②評価規準

【知識・技能】

・昆虫の育ち方には一定の順序があることや、成虫の体は頭、胸、腹からできていること、周辺の環境と関わって生きていることを理解している。

・身の回りの生物について、器具や機器を正しく扱いながら調べ、それらの過程や得られた結果をわかりやすく記録している。

【思考・判断・表現】

・身の回りの生物について、差異点や共通点を基に問題を見いだし、表現するなどして問題解決している。

・身の回りの生物について、観察、実験などを行い、得られた結果を基に考察し、表現するなどして問題解決している。

【主体的に学習に取り組む態度】

・身の回りの生物についての事物・現象に進んで関わり、他者と関わりながら問題解決しようとしている。

・身の回りの生物について学んだことを学習や生活に生かそうとしている。

③単元計画

①アリの体のつくりについて観察し、1学期に育てたチョウとの共通点を話し合う（1時間）

②校内や地域内で昆虫を探し、飼育環境を整えてお世話を行う（2時間＋常時活動）

③自分の飼育している昆虫の体のつくりや成長の仕方、すみかなどについて、観察したり図書資料やインターネットを活用したりして、詳しく情報を集める（1時間）

アリの体のつくりはどうなっているの？チョウとの共通点は？
自分たちの学校や地域にはどんな昆虫がいるかな？
自分の飼育する昆虫の体のつくりや育ち方、すみかは？

④「○○小昆虫館」のオープンに向けて、集めた情報を基に、自分の育てている昆虫の説明文を作成する（国語科4時間）
⑤「○○小昆虫館」オープンに向けて、準備やリハーサルを行う（1時間）
⑥「○○小昆虫館」をオープンし、自分の育てている昆虫を来館者に説明する（1時間）
⑦昆虫の体のつくりや成長の仕方、すみかなどについて学習したことをまとめる（1時間）

どんな説明文を書けば、調べたことがわかりやすく伝わるかな？
どんな説明を行えば、来館者にわかりやすく伝わるかな？
すべての昆虫に共通していることは何？また、どんな違いがあるかな？

2　探究的な学びのポイント

①1人ずつ昆虫を探して飼育する

本単元は、昆虫の体のつくりや育ち方、すみかなどについて調べ、昆虫の体は頭・胸・腹の3つからできていることや、卵→幼虫→さなぎ→成虫の順で育つものと卵→幼虫→成虫の順で育つものの2種類があること、さらにはそれぞれの昆虫が周囲の環境と関わりながら生きていることなどを理解することを主な目標としています。

図書資料やインターネットなどを基に情報を集めることはもちろん大切ですが、それ以上に、一人ひとりが昆虫を実際に探して飼育する活動を位置づけることが大切です。なぜなら、実際に育てることで、子どもたちはその昆虫に一層愛着をもち、本気・夢中になって学習に取り組むようになるからです。

校内だけでは多くの昆虫が見つからない場合は、地域の野原にみんなで昆虫探しに行く活動も考えられます。自宅から昆虫を持って来ることも大いに認め、全員が責任をもって昆虫を育てる機会をもてるようにしましょう。

②「〇〇小昆虫館」をオープンするように促す

昆虫を実際に飼育したり図書資料やインターネットで情報を集めたりした後は、「〇〇小昆虫館」をオープンする活動を計画します。この昆虫館については、校内の空き教室やちょっとした共有スペースなどを使うのがおすすめです。昆虫館には、飼育中の昆虫を展示したり解説コーナーを設けたりして、来館者にわかりやすく提示します。参観日と兼ねて保護者に紹介したり、低学年の子どもたちを招待して詳しく解説したりする活動も考えられます。

③カリキュラム・マネジメントを仕組む

理科の時間だけでは時数的に難しいので、他教科と兼ねて実施することをおすすめします。特におすすめなのが、国語科です。採用している教科書にもよりますが、多くの場合、3年生の国語科の教科書には、調べたことを説明する文章を書く単元が位置づけられています。その学習を兼ねて、自分の飼育している昆虫について、体のつくりや成長の仕方、すみかなどに関する情報を説明する文章を書く学習を行います。「話すこと」の学習を兼ねて、昆虫館で来館者に調べたことを解説する活動も考えられます。

3　単元展開

①アリの体のつくりについて観察し、1学期に育てたチョウとの共通点を話し合う（1時間）

子どもたちは、1学期にチョウを育てて、その体のつくりや成長の仕方について学習しています。2学期に行うこの昆虫の学習では、その他の昆虫を取り上げて、その共通点や相違点を探る活動を位置づけます。私の場合は、いつもこの場面で、アリを取り上げます。アリであれば、手軽に捕まえることができますし、体のつくりや成長の仕方に共通する点が多いからです。

実際の授業では、まずチョウの体のつくりや成長の仕方をおさらいし、続いてアリを観察する活動に移ります。頭・胸・腹という3つの部分から成り立っていることを確認すると、今度は育ち方について、図書資料やインターネットなどで調べるように促します。この他、植物の葉の上で成長するチョウに対し、アリは土の中で成長するなどの相違点も確認します。そのうえで、他の昆虫についても調べて、昆虫館を開設することを促します。

②校内や地域内で昆虫を探し、飼育環境を整えてお世話を行う（2時間＋常時活動）

次に、校内や地域内で昆虫を探す活動を位置づけます。カマキリ、バッタ、テントウムシ、ナナフシなど、様々な昆虫が見つかるでしょう。事前の授業で、昆虫の定義（頭・胸・腹の３つの部分から成り、足が６本）をしっかりと確認しておき、子どもたちがクモやトカゲなどに興味をもったときは、今回は対象外であることを伝えましょう。自宅周辺で捕まえた昆虫を持って来ることも大いに認めます。

見つけた（持って来た）昆虫は、１人ずつ虫かごなどに入れてお世話をします。生活環境やえさの与え方などについても自分で調べるように促し、一人ひとりが責任をもって飼育するように声をかけていきます。

③自分の飼育している昆虫の体のつくりや成長の仕方、すみかなどについて、観察したり図書資料やインターネットを活用したりして、詳しく情報を集める（1時間）

ミッションとして、自分の飼育する昆虫の体のつくりや成長の仕方、すみかなどについて、詳しく情報を集めるように伝えます。観察に加えて、図書資料やインターネットなどの活用もどんどん促していきましょう。

④「○○小昆虫館」のオープンに向けて、集めた情報を基に、自分の育てている昆虫の説明文を作成する（国語科4時間）

3年生の国語科では、「はじめ—中—おわり」という説明文の基本構造を学習します。教科書にもよりますが、この基本構造を生かして、調べたことを説明する文章を書く学習が位置づけられていると思います。ぜひ理科の学習で、昆虫について調べたことを文章化する活動を仕組みましょう。概ね、次のような構成で書くとよいと思います。

1	はじめ	話題提示・問い	「○○とはどのような昆虫なのでしょうか」
2	中①	昆虫の体のつくり	「○○の体のつくりは…」
3	中②	昆虫の育ち方	「○○はまず卵として生まれます。その後…」
4	中③	昆虫のすみか	「○○は田や川など、水の中で生活しています…」
5	中④	その他の情報	「○○のえさは…」
6	おわり	まとめ・主張	「このように○○は…。みなさんもぜひ…」

手書きもよいですが、後々手軽に修正できるように、端末で書くのがおすすめです。

コオロギ

学校の草むらで見つけたコオロギ

みなさんは、コオロギを見たことがありますか。コオロギは、きれいな声で鳴くこん虫です。エンマコオロギなどのしゅるいがあります。

ではコオロギはどんなこん虫なのでしょうか。

コオロギは、頭・むね・はらの３つでできていて、あしは６本あります。

コオロギは、土の中にたまごをうみます。たまごからよう虫になって、その後何度もかわをぬいで、成虫になります。

コオロギは草の中にすんでいて、草や虫を食べます。羽をふるわせて鳴いています。

このように、コオロギはこん虫のなかまです。

みなさんもぜひ、コオロギをさがしてみてください。

昆虫の解説書（国語科で作成）

⑤「○○小昆虫館」オープンに向けて、準備やリハーサルを行う（1時間）

解説書ができた段階で、昆虫館の準備をみんなで行います。あくまでも理科の学習ですので、時間的に可能な内容でよいと思います。

まずは空き教室やオープンスペースの一角などに、飼育中の昆虫（飼育小屋）を並べます。さらに、国語科で作成した、上のような解説書をあわせて展示します。

これで終了しても問題ありませんが、もし保護者や異学年を招待する余裕があれば、ぜひ口頭で説明する機会を設けましょう。子どもたちが自分で飼育した昆虫やその特徴について一生懸命話す様子が見られるでしょう。子どもたちの意欲や表現力を高める絶好の機会になるはずです。

⑥「〇〇小昆虫館」をオープンし、自分の育てている昆虫を来館者に説明する（1時間）

私が以前この単元を実施した際、1回目に低学年を招待し、2回目（参観日）に保護者を招待しましたが、子どもたちがいきいきと自分の調べた昆虫について解説していました。中には、来館者にえさやりの体験を勧める子もいて、非常に感心しました。なお、理科の学習内容を充実させるうえでも、昆虫の体のつくり、成長の仕方、すみかの3つについては、必ず口頭で説明するように子どもたちと約束しておきましょう。

⑦昆虫の体のつくりや成長の仕方、すみかなどについて学習したことをまとめる（1時間）

単元の最後は、昆虫の体のつくり、成長の仕方、すみかなどについて学習したことをまとめます。各自が育てたり調べたりした昆虫について、共通点と相違点を話し合います。すべての昆虫が頭・胸・腹の3つから成り、足が胸の部分から三対あること、成長の仕方は卵→幼虫→さなぎ→成長の順で育つものと、卵→幼虫→成虫の順で育つものがあること、そして、それぞれの昆虫が、まわりの環境（山、川、田んぼ、植物、その他の虫など）と関わりながら生きていることなどを確認して学習を終えます。

評価のポイント

❶観察カードやワークシート、振り返りを基に評価を行う

評価規準に示した項目が達成されているかどうか、観察カードやワークシート、振り返りの記述を中心に評価を行います。知識・理解の項目については、昆虫の体のつくりや成長の仕方などを正しく理解できているか、それらを正しく観察できているかがポイントになります。思考・判断・表現については、様々な生き物の比較を通して、差異点や共通点を見いだすことができているかなどを、ワークシートを基に評価していきましょう。なお、解説書が論理的に書かれているかどうかはあくまでも国語科で評価するものとして、ここでは子どもたちがどのような点に着眼し、表現しているかを重視します。

❷日々の振り返りの記述を基に評価を行う

主体的に学習に取り組む態度については、日々の振り返りの記述を基に、一人ひとりの変容にも着目しながら、総合的に評価を行うことが大切です。最初は昆虫に興味がなかった子が、実際に飼育することを通して、次第に意欲をもつということはよくあります。この他、粘り強く飼育できた姿や他の生物に興味を抱いている姿などを、行動観察やつぶやきはもちろん、日々の振り返りからもしっかりと評価していきましょう。

3年　総合的な学習の時間＋社会科
「わたしの町のミュージアムを開こう！」（30時間）

自分たちの町のミュージアムを開いて、自分たちが見つけた町のよさを紹介しよう！

1　単元の概要

①目標

地域のもの・人について調査する活動を通して、地域には様々な施設があり、また様々な人がいることについて理解し、地域のよさについて考えるとともに、地域の一員としてそのよさを進んで発信しようとする。

②評価規準

【知識・技能】
・地域には様々なものがあり、また様々な人がいることを理解している。
・インタビューなどによる調査活動を、目的や場面に応じて適切に実施している。
・地域のものや人に関する認識の高まりは、地域を探究的に学習してきたことの成果であると気づいている。

【思考・判断・表現】
・地域のものや人への関わりを通して感じた関心を基に課題をつくり、解決の見通しをもっている。
・課題の解決に必要な情報を、手段を選択して多様に収集し、種類に合わせて蓄積している。
・相手や目的に応じて、わかりやすく表現している。

【主体的に学習に取り組む態度】
・課題解決に向け、自分のよさに気づき、探究活動に進んで取り組もうとしている。
・自分と違う友だちの考えを生かしながら、協働して課題解決に取り組もうとしている。
・地域のためにできることに取り組むことを通して、自分と地域の関わりを見直そうとしている。

③単元計画

①地域を探検したいという意欲をもつとともに、町探検の計画を立てる（2時間）

②グループに分かれて地域を探検する（6時間（探検2時間&交流1時間×2回））

③調査したことを基に、みんなで町の大マップを作成する（4時間）

④自分たちの地図と様々なガイドマップを比較し、さらに追究したいことを話し合う（1時間）

自分たちの町にはどんなもの（施設・自然・史跡など）があるの？
あの建物は何？　あれは何の木？　どんな秘密があるのだろう？
不思議がたくさん。どうすればもっと詳しく調べられるかな？

⑤1人1つテーマを選び、それぞれの方法でより詳しく調べる（6時間）

⑥調べたことをカードにまとめ、大マップをバージョンアップさせる（3時間）

⑦ミュージアム開設に向けて計画を立て、分担して準備を進める（5時間）

⑧ミュージアムをオープンし、異学年や地域の方に案内する（2時間）

⑨活動を振り返り、できるようになったことなどをまとめる（1時間）

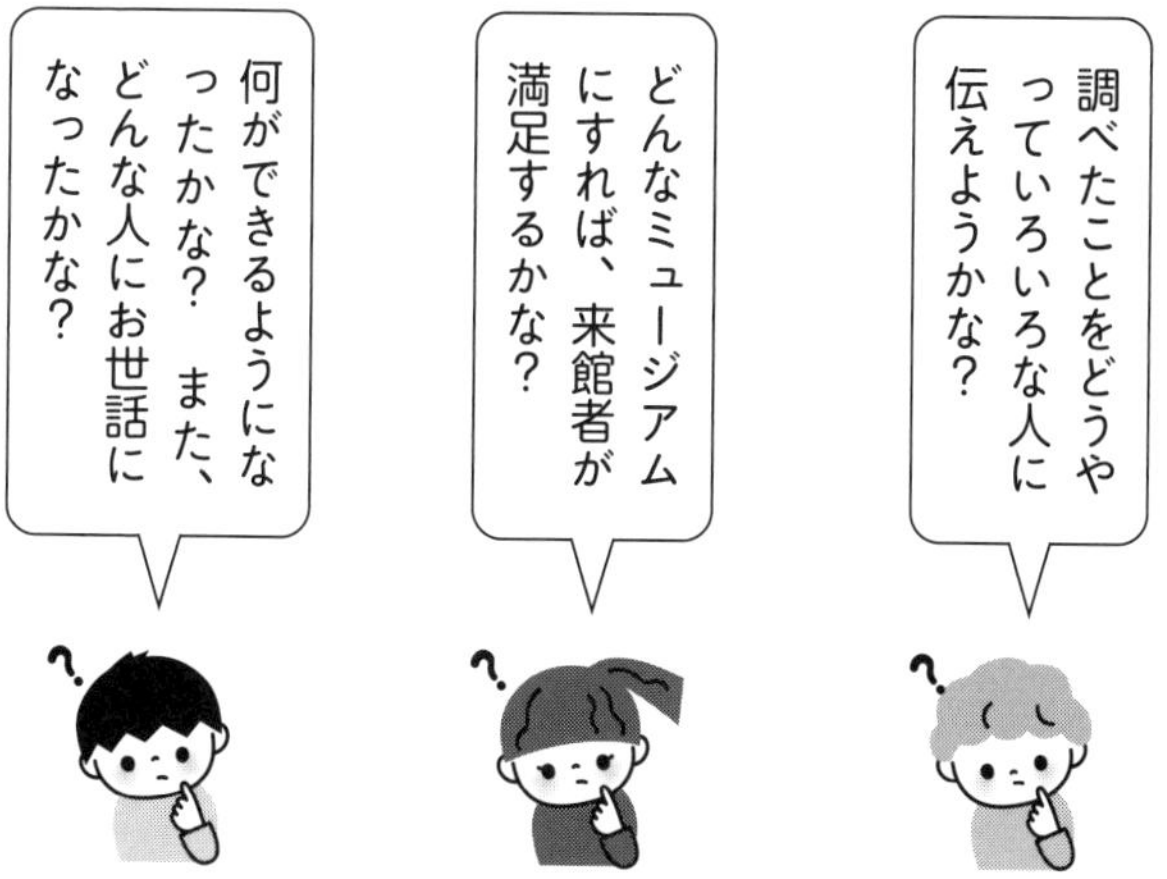
調べたことをどうやっていろいろな人に伝えようかな？
どんなミュージアムにすれば、来館者が満足するかな？
何ができるようになったかな？　また、どんな人にお世話になったかな？

2　探究的な学びのポイント

①「問題解決型学習」から「プロジェクト型学習」に徐々に移行する

本単元は、地域のもの・人について探検や聞き取り調査などを通して調べ、調べたことを、空き教室などにミュージアムを開いて紹介することをゴールとしています。ただし、最初から「みんなで〇〇町ミュージアムを開こう」とするより、探究のプロセスが2周目、3周目に入ってから、徐々にプロジェクトを意識させる方が得策と考えます。なぜなら、3年生という発達段階では、遠い先のビジョンをもって活動するプロジェクト型学習よりも、目の前の課題を一つひとつクリアする問題解決型学習の方が適しているからです。

まずは町探検を通して様々な情報を集めたり、集めた情報を基に大マップなどにまとめたりする活動を行います。そこからさらに、自分で追究したいもの・人を1つ決め、聞き取り調査などを通してさらに情報を集め、ポスターなどに表現させます。このようにして、様々なアウトプットの材料が集まったところで、ようやくミュージアム開設を促します。総合的な学習の入門期ということを考慮し、細かいステップを踏むことが大切です。

②1人1つ追究したい課題を選択・決定する

探究的な学びにおいて、自己選択・自己決定は欠かせません。探検したい場所や追究したい課題（もの・人）を決める際は、極力子ども自身に選択・決定を促しましょう。大マップづくりやミュージアム開設に向けた取組の際も、子ども自身が自分のやってみたいことを選択・決定することが大切です。

③〇〇町ミュージアムを開設する

探究のプロセスが3周目に入るころ、どのような形で調査したことをまとめ・表現するか話し合います。その際、ぜひとも、空き教室もしくは自教室を使って、「〇〇町ミュージアム」を開設することを示唆しましょう。この方法であれば、1周目のサイクルで作成した大マップや、2周目のサイクルでつくったポスターなどをそのまま生かせますし、さらに各々が追加でやりたい活動に自由に取り組むことができます。その際、先生方がお勤めの学校で、もしも社会見学などの行事が予定されているなら、ぜひ各市町の博物館や資料館などの見学を計画することをおすすめします。実際の施設を見学すれば、一層イメージを高めることができ、自分たちのミュージアムのアイデアに生かすことができます。

3　単元展開

①地域を探検したいという意欲をもつとともに、町探検の計画を立てる（2時間）

子どもたちは2年生の生活科でも、町探検を多少なりとも経験しています。3年生になって最初の総合的な学習の時間は、この町探検の経験を生かしつつ、さらに行動範囲を広げて、いろいろな場所を探検することを計画します。

最初の1時間は、「ここはどこでしょう?」と問いながら、町にあるものの写真（商店、寺社、施設など）をいくつか提示します。「これはだれでしょう?」と問いながら、地域の方の写真を提示する方法もあります。そのうえで「みんなで町にあるものや人をもっと見つけてみよう!」と展開します。

すでにお気づきの方もいらっしゃると思いますが、これは3年生の社会科の学習とも類似しています。カリキュラム・マネジメントの視点を生かし、社会科とあわせて実施すれば、時間を有効に活用できます。どのあたりに行ってみたいか、どのようなコースで行くか、子どもたちと一緒に話し合いながら計画を立てましょう。

②グループに分かれて地域を探検する（6時間（探検2時間&交流1時間×2回））

町探検というと、子どもたちを列に並ばせ、教員が先導しながら全員が同じコースを歩くというイメージをもたれた方もいるかもしれません。確かにそれが一番安全なのかもしれませんが、私はこの町探検を行う際、サポート教員を確保し、できるだけ少ない人数のグループで別々に行く方法をおすすめします。

グループ別活動にすれば、当然行き先を自分たちで決めることになるので、探究的な学びで重視する自己決定・自己選択の場が必然的に生まれます。また、探検から帰ってきた後の報告会では、グループごとに違う場所を探検しているので、子どもたちは自分とは別のグループの子たちに対し、一生懸命見つけたことを報告し合うようになります。

私が本単元を実施した際は、3つのグループに分かれて探検を行いました。それぞれのグループにサポート教員が1名ずつつき、終始子ども主体で行わせました。中には、地域のお店の方に進んでインタビューするグループもありました。学校に帰ると、それぞれのグループが撮影した写真を提示しながら、見つけたもの・人について報告し合いました。

1回目の探検の反省をグループごとに行い、反省点を生かしながら、今度は別のコースで2回目の探検を行いました。

③調査したことを基に、みんなで町の大マップを作成する（4時間）

探検したことを基に、みんなで大マップをつくります。白い模造紙を何枚か貼り合わせ、事前にある程度の道を記入したものに、色を塗ったり、折り紙などでつくった建物などをどんどん貼りつけたりしました。子どもたちは非常に意欲的に取り組みました。

大マップづくりに取り組む子どもたち

④自分たちの地図と様々なガイドマップを比較し、さらに追究したいことを話し合う（1時間）

地図が完成して大喜びの子どもたちに、新たな問いをもたせる有効な手立てとして、様々なガイドマップと比較するという方法があります。いくつかのガイドマップを紹介し、「自分たちの地図と何が違う？」と発問してみましょう。

「○○町のガイドマップは、それぞれの場所に詳しい説明があります」

「私たちの地図には、何の説明もない。もっと詳しくしたいな」

こんな声が聞かれるでしょう。そこで、地図をもっとパワーアップさせるために、それぞれの場所やもの、人について、詳しく調べることを計画します。

「ぼくは〇〇神社のことをもっと詳しく知りたい！」

「私は〇〇公園のことをもっと詳しく紹介したい！」

「ぼくは、〇〇商店のことと、お店の店長さんを紹介したい！」

一人ひとりに、何をテーマに探究したいか、自己選択・自己決定を促します。その際、具体的にどのようなことを調べたいのか、疑問に思ったことをノートに書くように指示しておくとよいでしょう。

⑤１人１つテーマを選び、それぞれの方法でより詳しく調べる（6時間）

ここからは、個々が自分のテーマに沿って調べることになります。３年生の段階では、まずどのような方法で情報を集められるか、みんなで話し合うことから始めるのがよいかもしれません。地域の情報が、本やインターネットに多くあることはあまり期待できないので、現地調査・聞き取り調査がメインとなるでしょう。

とはいえ、一人ひとりをバラバラに学校外に出すことはできないので、対象物（対象者）の場所が近いメンバーでグループを新たにつくり、新たな見学コースを考える流れとなります。例えば、学校→○○商店→△△神社→□□寺→○○公園→学校、といった具合です。それぞれの場所では、テーマを選んだ子が中心となり、現地調査や聞き取り調査を行います。その他の子はサポート役に回るように計画します。この他にも、家庭や地域で、自主的に情報を集める姿が見られた際は、肯定的な評価を行うなどして、進んで探究する姿を大切にしていきましょう。

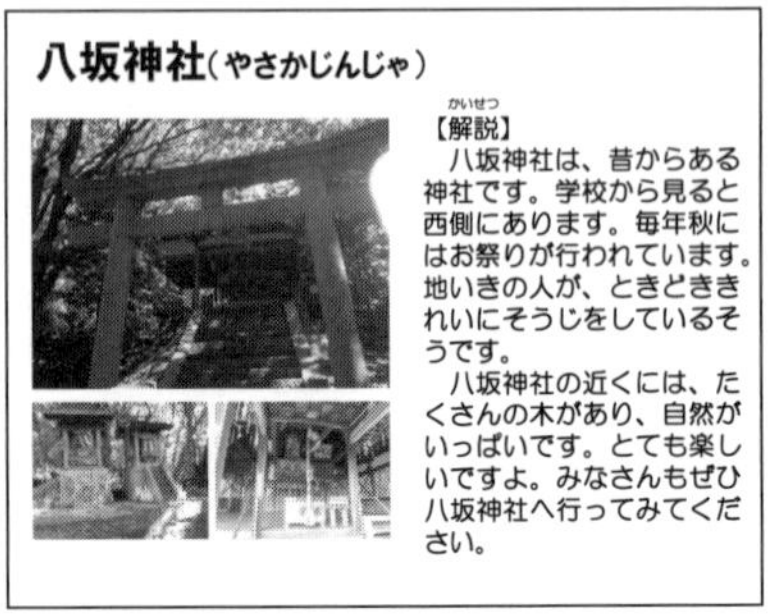

場所を詳しく紹介する解説カード

⑥調べたことをカードにまとめ、大マップをバージョンアップさせる（3時間）

各自が集めた情報は、表やウェビングなどの思考ツールを使っていったん整理させ、その後、タブレット端末を使って、上のような解説カードにまとめました。途中、相互評価の時間を設けながら、全員が解説カードを完成させることができました。大マップと解説カードができたところで、次の課題に移ります。

⑦ミュージアム開設に向けて計画を立て、分担して準備を進める（5時間）

子どもたちにズバリ「完成した大マップと解説カード、どこに飾る？」と聞いてみます。玄関や廊下など、様々なアイデアが出たところで、「そういえば、使ってない教室があるんだよね。行ってみる？」と言いながら、子どもたちを空き教室に案内しました。

「ここ、使ってもいいんですか？　すごい！」

「でも、大マップと解説カードだけでは寂し過ぎない…？」

大盛り上がりの子どもたちに、「では、この部屋をみんなで『○○町ミュージアム』にしようか。他にどのようなコーナーを設けるとよいと思いますか？」と投げかけました。

「クイズコーナーや展示物コーナーをつくったらいいと思います」

「町の写真入りの本のしおりをつくって、来た人にお土産として配ればいいと思います」

子どもたちから出てきたアイデアをどんどん採用し、分担して準備を進めました。

なお、ある程度準備ができた段階で一度リハーサルを行うことをおすすめします。その際、校長先生や教頭先生をお招きし、事前にお願いして、少し辛口のコメントを行ってもらいましょう。改善点を指摘されたことで、子どもたちは一層真剣に自分たちのミュージアムと向き合い、より協力して、様々な工夫を行うようになります。

⑧ミュージアムをオープンし、異学年や地域の方に案内する（2時間）

ミュージアムで地域の方を案内する様子

いよいよ迎えたミュージアムのオープン当日。玄関に来られた地域や保護者の方を子どもたちがご案内します。館内では、来館者に子どもたち一人ひとりが丁寧に説明を行います。また、地域や保護者の方からの質問にも、子どもたちが一生懸命答えました。地域や保護者の方からたくさんの感謝の言葉をいただき、大満足の子どもたち。これ以上ない評価をいただいたことで、大きな自信を得ることができました。ミュージアム開設は大成功。ミュージアムはしばらく開放し、他の学年も自由に出入りできるようにしました。

⑨活動を振り返り、できるようになったことなどをまとめる（1時間）

これまでの活動の様子を、写真を見ながら振り返り、できるようになったこと、がんばったこと、うれしかったこと、お世話になったことなどを話し合って学習を終えました。

評価のポイント

❶取材メモやワークシート、振り返り、その他の制作物を基に評価を行う

本単元では、地域の取材メモ、ワークシート、振り返りの記述など、様々な記録を活用しながら、評価規準に示した項目が達成できているかどうかについて、評価を行います。また、地域の大マップや解説カードに加え、ミュージアムにおける個々の取組など、多様な制作物が生まれる単元です。これらを基に、子どもたちの地域への理解がどの程度深まったのか、どのような思考を行いながら問題解決に取り組んだのか、相手や目的に応じてわかりやすく表現できたかなどを評価していきましょう。

❷相互評価、第三者評価を取り入れる

３年生の段階では、これまで以上に、友だちの表現物に対して、よい点や改善点を指摘できるようになります。よい点や改善点などについて、付箋を使った相互評価などを一層充実させていきましょう。また、校長先生や教頭先生、同じ学校の上級生などにも積極的に評価してもらい、よりよい表現の仕方などについてアドバイスを受ける機会を設けることが大切です。加えて、ミュージアムに招待した地域の方にも感想を記入していただき、子どもたちが達成感を味わえるようにします。

4年　国語科＋図画工作科

「絵本作家になろう」（12時間（国語科8時間、図画工作科4時間））

これまでの物語文の学習を生かして、オリジナルの物語を創作しよう！

1　単元の概要

①目標

感じたことや想像したことを基に、話の内容や展開、表現の仕方などを工夫した物語を書くことができる。

②評価規準

【知識・技能】

・漢字とかなを用いた表記、送りがなのつけ方、改行の仕方を理解して、文や文章の中で使うとともに、句読点を適切に打っている。

【思考・判断・表現】

・「書くこと」において、相手や目的を意識して経験したことや想像したことなどから書くことを選び、伝えたいことを明確にしている。

・「書くこと」において、書く内容の中心を明確にし、内容のまとまりで段落をつくったり段落相互の関係に注意したりして文章の構成を考えている。

【主体的に学習に取り組む態度】

・進んで組み立てを工夫し、学習の見通しをもって想像を膨らませて物語を書こうとしている。

・友だちの書いた物語を読み、話の内容や展開、表現の仕方などのよいところを進んで伝えようとしている。

③単元計画

①小学生が書いた絵本の読み聞かせを聞き、自分も物語を書いてみたいという思いをもつ（1時間）

②教科書の物語（既習の教材）をいくつか読み、それらの作品の特徴を捉え直す（2時間）

・ファンタジー型「名前を見てちょうだい」

・中心人物変容型「走れ」

・伏線回収型「ゆうすげ村の小さな旅館」

自分たちにも絵本がつくれるのかな？どうやってつくるのかな？
物語にはどんな種類や特徴があるのかな？
今までに読んだ物語を読み比べてみよう。どんな工夫があるかな？

③1人1つ表現したい物語の型を選び、作品の構想を練り、下書きする（2時間）
④下書き段階のものをお互いに読み合い、相互評価を経て、作品を修正する（1時間）
⑤物語に合う絵をかき、絵本化する（図画工作科4時間）
⑥完成した絵本をお互いに読み合うとともに、図書室に作品を並べ、ポップをつけて自分の作品を紹介する（2時間）

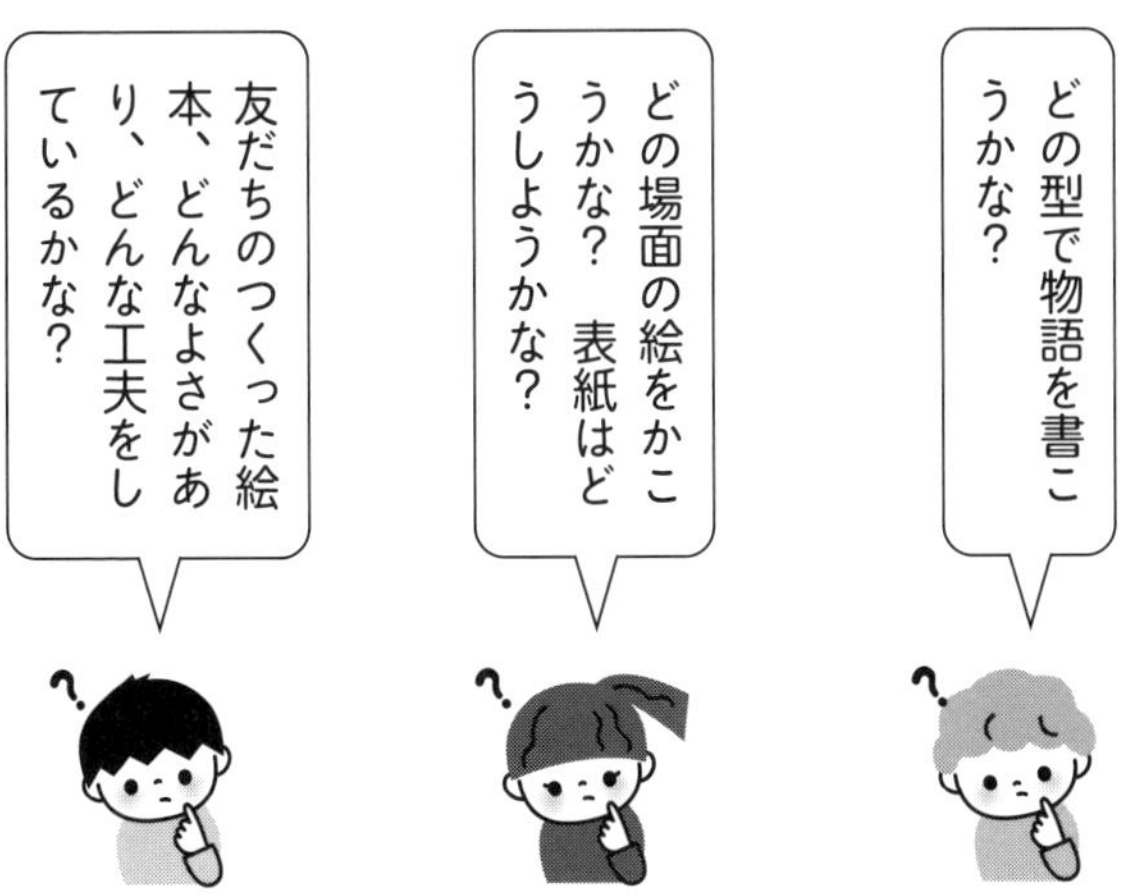
どの型で物語を書こうかな？
どの場面の絵をかこうかな？　表紙はどうしようかな？
友だちのつくった絵本、どんなよさがあり、どんな工夫をしているかな？

2　探究的な学びのポイント

①導入で、子どもたちの「やってみたい！」という思いを引き出す

中学年の国語科では、物語の創作活動が位置づけられています。本単元では、カリキュラム・マネジメントを仕組み、国語科と図画工作科の時間を使って、一人ひとりオリジナルの絵本を創作することをゴールとしています。

単元の導入では、子どもたちの「やってみたい！」という思いを引き出すために、小学生が書いた作品を読み聞かせることから始めます。過去に担任した子どもの作品を紹介してもよいですし、様々な物語創作コンクールの入賞作品が実際に絵本化されたものがあるので、それらを紹介することも考えられます。

まずは作者を紹介せずに絵本を読み聞かせ、どのような点がおもしろかったか、感想を交流します。その後で、「実はこの絵本…、作者はみんなと同じ小学生です！」と種明かしします。そのうえで「みんなもこんな絵本つくってみませんか？」と投げかけ、物語創作への意欲を高めます。

②物語の型を自己決定・自己選択させる

物語には様々な型があります。中心人物が不思議な世界（非現実世界）を体験する「ファンタジー型」、中心人物が出来事を通して大きく成長する「中心人物成長（変容）型」、そして作品の最後に作中の登場人物の正体が明らかになる「伏線回収型」。本単元では、「名前を見てちょうだい」「走れ」「ゆうすげ村の小さな旅館」（いずれも東京書籍）の3つの既習教材を用いて、改めてその特徴を捉え直す学習を行いました。そのうえで、自分が書いてみたい物語の型を子ども自身に自己決定・自己選択させました。もちろん、この中の1つの型に絞って全員に物語を創作させるという方法も考えられます（東京書籍の教科書では、山場のある物語の創作、つまり中心人物成長型の授業が例示されています）。

③カリキュラム・マネジメントを取り入れる

国語科の時間のみで絵本をつくるのは、時間的に無理があるでしょう。そこで、物語の創作は国語科、絵本化は図画工作科というように、カリキュラム・マネジメントにより授業を展開していきます。絵本の挿絵は多過ぎると子どもたちの負担になるので、自身が創作した物語を4～5つの場面に分け、無理のない範囲で進めていくようにしましょう。

3　単元展開

①小学生が書いた絵本の読み聞かせを聞き、自分も物語を書いてみたいという思いをもつ（1時間）

物語を書いてみたいという思いは、比較的多くの子が抱いているものです。そこで、その思いを一層引き出すために、小学生が書いた絵本を単元の冒頭で読み聞かせます。過去に担任した子どもの作品があれば、それを紹介することも考えられますし、なければ、実際に小学生の作品で絵本化されたものがあるので、それを読み聞かせるとよいでしょう。

②教科書の物語（既習の教材）をいくつか読み、それらの作品の特徴を捉え直す（2時間）

何の手立てもなしに、いきなり「さあ、自由に物語を書いてごらん」と指示しても、なかなか書けるものではありません。そこで、まずは既習の教材を用いて、物語には様々な型があることを確認します。

私の所属する学校では、東京書籍の教科書を使用しているので、「名前を見てちょうだ

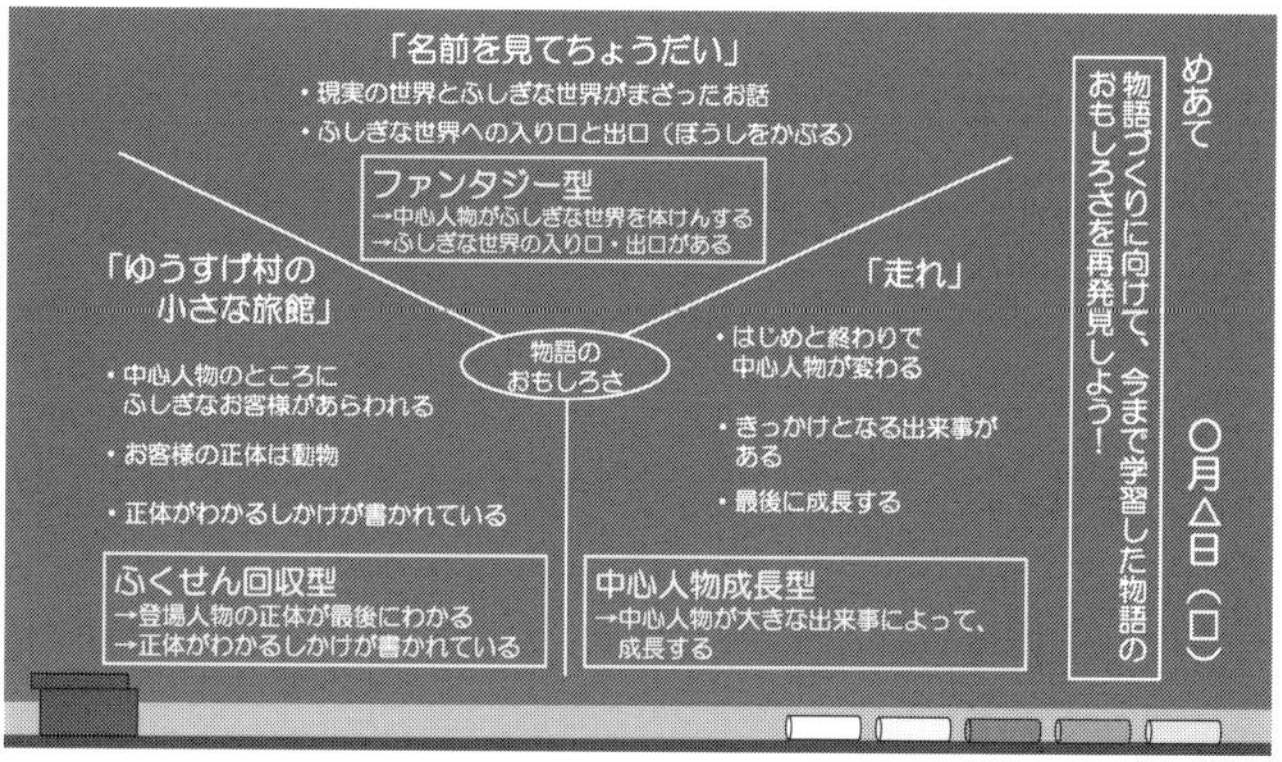

い」「走れ」「ゆうすげ村の小さな旅館」の3つの教材をそれぞれ再読し、どのような点がおもしろいかを考える時間を設けました。

板書例にもあるように、「名前を見てちょうだい」は中心人物が不思議な世界に迷い込むのがおもしろい、「走れ」は中心人物が成長する過程がおもしろい、「ゆうすげ村の小さな旅館」は登場人物の正体が最後に種明かしされること、そしてその正体がさりげなくわかる伏線が散りばめられていることがおもしろい、という話になりました。

そこで、それぞれを「ファンタジー型」「中心人物成長（変容）型」「伏線回収型」と名づけ、自分が物語を創作する際、この3つの中のどの型を採用するか、自己決定・自己選択を促しました。

③1人1つ表現したい物語の型を選び、作品の構想を練り、下書きする（2時間）

表したい物語の型が決まったら、作品の構想及び下書き段階に移ります。構想は構成メモ（ワークシート）、下書きはノートや原稿用紙に行います。ここで留意したいのは、それほど長い作品を書くことを子どもたちに求めないことです。もちろん長く書きたいという子はどんどん鉛筆を走らせてよいと思いますが、最終的に絵本化することを想定して、無理をせず、短い作品をつくるように促しましょう。

④下書き段階のものをお互いに読み合い、相互評価を経て、作品を修正する（1時間）

下書きができた段階で、ペアやグループで読み合う時間を設け、お互いによい点や改善すべき点を指摘するように促します。

「登場人物のキャラクターがおもしろいね！」

「会話文が少ないから、もう少し登場人物のセリフを増やした方がいいよ」

「いつの季節の話なのかわからないから、最初に季節の言葉を入れるといいよ」

お互いの助言を踏まえ、さらに作品を修正します。最後は教師も一人ひとりの作品を、誤字・脱字がないか、細かくチェックします。

⑤物語に合う絵をかき、絵本化する（図画工作科4時間）

物語ができた段階で、今度は図画工作科の時間を使って、絵をかく作業に移ります。場面絵は多くても5枚程度です。最近では、市販の手づくり絵本キットがあるので、それを活用するのがおすすめです。絵の具でかく子、色鉛筆やマジックでかく子、貼り絵を行う子…と、一人ひとりが自分の表したい方法で絵本を完成させていきました。

⑥完成した絵本をお互いに読み合うとともに、図書室に作品を並べ、ポップをつけて自分の作品を紹介する（2時間）

完成した絵本を友だち同士で読み合う時間を設けます。私が本単元を実践した際は、読んだ感想を付箋に書き、交換し合いました。教師である私自身も、一人ひとりの作品を読み、付箋に感想を書いてコメントしました。友だちや教師からのコメントを目にした子どもたちは、とてもうれしそうな表情を浮かべていたことを覚えています。

なお、完成した絵本は、学校の図書室に並べ、異学年にも読んでもらえるようにしました。自分でつくった絵本に自分でポップや本の帯をつくって、作品紹介を行う活動もおすすめです。

完成した絵本の例

評価のポイント

❶完成した絵本だけでなく、ノートやワークシートなどを基に、総合的に評価を行う

　国語科で物語の創作活動を行う場合、最終的に完成した作品のみで評価を行いがちですが、評価規準に示した項目を適切に評価するためには、作品のみではなく、その過程であるノートやワークシートを用いた評価を行う必要があります。特に、構想段階の構成メモや、下書き段階のノートや原稿用紙の記述の見取りは欠かせません。正しい表記で書けているかという点（知識・技能）はもちろん、相手意識や目的意識をもち、段落相互の関係に注意して書いているかという点（思考・判断・表現）や、進んで組み立てを工夫し、見通しをもって学習を進めているかという点（主体的に学習に取り組む態度）も、しっかりと評価しましょう。

❷相互評価を取り入れる

　単元展開でも示したように、ぜひとも1時間確保して、相互評価し合う場を設けましょう。友だちからの肯定的なコメントを目にした子どもたちは、一層自信をもつようになります。友だちの作品のよいところを進んで伝えようとしているかについても、この場面でしっかりと見取るようにします。

4年　総合的な学習の時間
「防災フェスタを開こう！」（20時間）

町の防災の現状と課題について調べ、自分たちができることを実行しよう！

1　単元の概要

①目標

自然災害から命を守るために、過去の自然災害や命を守るための対策などについて調べることを通して、命を守るための方法や行動の仕方について理解し、地域や学校の防災の在り方について考えるとともに、学んだことを生活に生かそうとする。

②評価規準

【知識・技能】

・自然災害や防災について知り、それらが自分たちの生活と関わっていることを理解している。
・インタビューなどによる調査を、目的や場面に応じた方法で実施している。
・自分で命を守る意識と防災の重要性への認識の高まりは、探究的に学習してきたことの成果であると気づいている。

【思考・判断・表現】

・課題を設定し、解決に向けて自分たちにできることを見通している。
・自然災害や防災に関する情報を、方法を選択し、収集するとともに、必要な情報を取捨選択したり関連づけたりしている。
・活動を通して学んだ防災に関する内容や防災と自分たちの生活について、まとめ、表現している。

【主体的に学習に取り組む態度】

・自然災害や防災に関心をもち、自分の意思で探究的な学習に取り組もうとしている。
・友だちと協働して課題解決に取り組もうとしている。
・自然災害や防災と自分たちの生活の関わりに気づき、自分の命を守る行動の重要性を訴えようとしている。

③単元計画

①過去に起きた災害の写真や映像を視聴し、防災への意識を高めるとともに、大まかな活動計画を立てる（1時間）

②図書資料やインターネット、現地調査、聞き取り調査などの方法で、地域に起きた過去の災害や人々の防災意識に関する情報を収集する（6時間）

③集めた情報を整理・分析するとともに、地域の防災意識を高めるためにできることを話し合う（2時間）

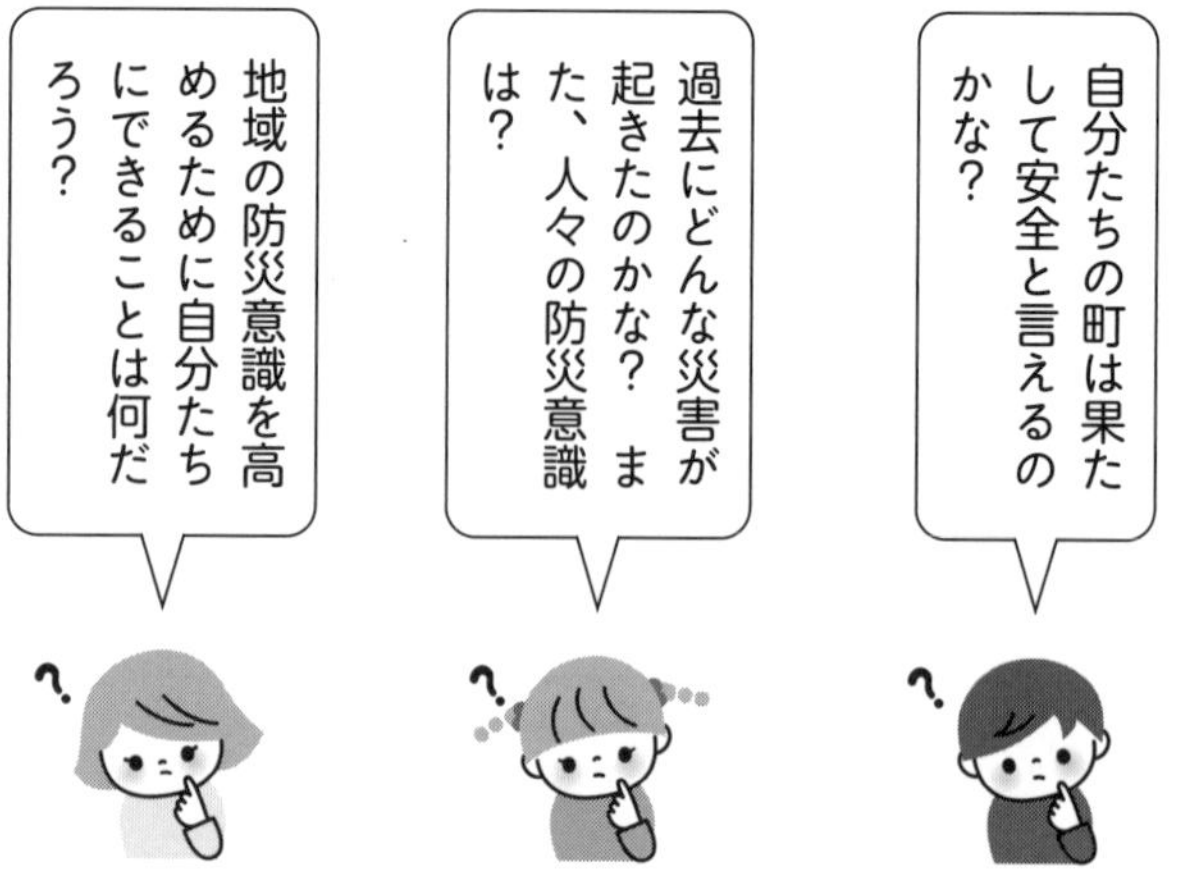

自分たちの町は果たして安全と言えるのかな？
過去にどんな災害が起きたのかな？　また、人々の防災意識は？
地域の防災意識を高めるために自分たちにできることは何だろう？

④「防災フェスタ」開催に向けて、アイデアを出し合うとともに、グループに分かれて準備を進める（6時間）

⑤防災フェスタのリハーサルを行い、改善すべき点を話し合う（2時間）

⑥校内の異学年児童や地域、保護者の方を招待して、防災フェスタを開催する（2時間）

⑦活動を振り返るとともに、今後継続して地域の防災のために自分たちができることを話し合う（1時間）

防災フェスタでは、どんなコーナーを設けようかな？

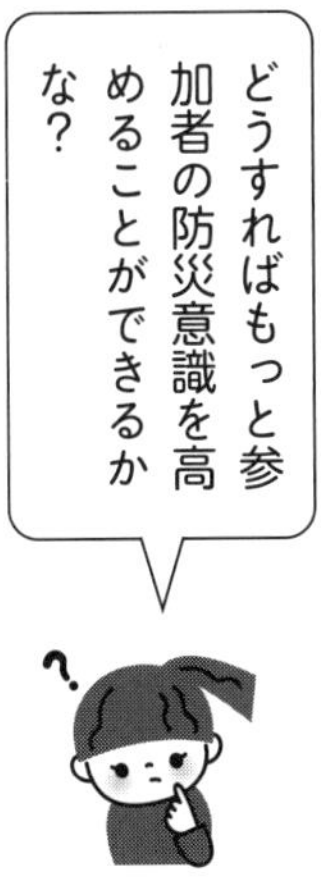
どうすればもっと参加者の防災意識を高めることができるかな？

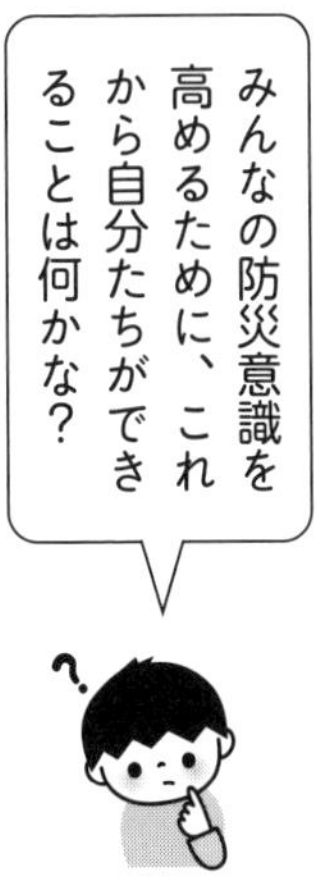
みんなの防災意識を高めるために、これから自分たちができることは何かな？

2　探究的な学びのポイント

①「問題解決型学習」から「プロジェクト型学習」に徐々に移行する

本単元は、地域の過去の災害や人々の防災意識などについて調べ、地域の防災意識を高めるために「防災フェスタ」を開催することをゴールとしています。ただし、単元冒頭からいきなり「防災フェスタを開こう」と展開するのはやや無理があります。なぜなら、最初の段階では、子どもたち自身が防災に関する知識も危機感もそれほど抱いていないからです。まずは地域の過去の災害を調べる、人々の防災意識を調査するなどの活動からスタートし、「このままでは何かあったときに地域が危ない」という問題意識を高めます。そうして意識が高まったところで、はじめて防災フェスタなどのイベント開催を計画します。

②多様な方法で情報を集め、問題意識を高める

どの地域であっても、過去に地震や大雨などにより何かしらの災害に見舞われているものです。まずはどのような災害があったのか、そのときの状況を調査することから始めま

しょう。ハザードマップを見ながら地域を歩くのもよいですし、地域の方にお願いして、実際に土砂崩れや浸水などの災害があった場所、もしくはこれから起こるかもしれない場所を案内してもらうのもよいと思います。

また、人々の防災意識を調査することも本単元では欠かせません。異学年の子ども、保護者、地域の方を対象にアンケートを実施し、避難場所への経路をどれくらい把握しているか、何か防災への備えをしているかなどを調査します。大人はともかくとして、多くの子どもは防災への意識がそれほど高くありません。この調査結果を基に、みんなの防災意識を高めるための取組、防災フェスタの開催を計画します。

③防災フェスタの内容について自己選択・自己決定を促す

防災フェスタは、体育館などの広い場所を会場とし、ポスターセッションコーナー、展示コーナー、防災グッズコーナー、非常食コーナーなど、様々なコーナーを設けます。どのようなコーナーを設けるか、またどれがどのコーナーを担当するかについては、個々の興味関心に基づき、自己選択・自己決定を促すことが大切です。異学年の子どもや保護者、地域の方を招き、調査したことをしっかり表現できるように支援しましょう。

3　単元展開

①過去に起きた災害の写真や映像を視聴し、防災への意識を高めるとともに、大まかな活動計画を立てる（1時間）

単元の導入では、過去に起きている災害（地震、集中豪雨、土砂崩れなど）の写真や映像を視聴させ、防災への意識を高めることから学習を始めます。写真や映像は、子どもたちの住む町のものでもよいですし、難しければ、他地域のものでもよいと思います。そのうえで、「みんなの住む町は安全と言えるのかな？」と子どもたちに投げかけてみましょう。

「同じことが私たちの町でも起きるかもしれない」
「何年か前に大雨が降って土砂崩れなどがあって大変だったと聞いたことがあります」

このようなやりとりを経て、まずは自分たちの地域の過去に起きた災害や危険箇所などを調査する活動を計画します。４年生は社会科で防災の学習が位置づけられているので、その学習を兼ねて進めることも考えられます。

②図書資料やインターネット、現地調査、聞き取り調査などの方法で、地域に起きた過去の災害や人々の防災意識に関する情報を収集する（6時間）

まずは、どうすれば地域の過去の災害や危険箇所などの情報が集められるかを考える時間を設けます。図書資料、インターネット、聞き取り調査、現地調査など、様々なアイデアが子どもたちから出てくることが予想されます。この段階では、特に分担をせず、一つひとつの方法を全員に経験させ、みんなで情報を集める方が得策でしょう。私がこの単元を実施した際は、概ね次のような流れで情報を集めました。

- 図書資料やインターネット（ハザードマップ）で情報を集め、過去の災害や地域の危険箇所を調べる。
- 災害（土砂災害）が起きた場所や危険箇所を、地域の方の案内のもと、現地調査する。
- 学校に地域の方を招待して、集中豪雨が起きたときの状況について、聞き取り調査を行う。

調べたことは、いったんノートや校区の地図などを使って整理します。さらに「これだけ危険なのに、この地域に住んでいる人はそのことを知っているのかな?」と子どもたちに投げかけ、今度は人々の防災意識に焦点を当てて調査を行います。

防災意識に関して、最も効率的な方法はアンケートです。以前は、アンケート用紙を作成して、配付・回収のうえ、集計を行っていましたが、より効率的に行うのであれば、全校児童に限り、1人1台端末のフォームでのアンケート調査をおすすめします。どのような項目で調査するかも子どもたちと相談のうえで決めていけばよいと思いますが、概ね次のような内容が考えられます。

- 過去に地域で大きな災害(地震や集中豪雨など)が起きたことを知っているか?
- 住んでいる場所の危険度について、ハザードマップで確認したことがあるか?
- 災害が起きたときの避難場所、避難経路を知っているか?
- 普段から家族で防災について話し合っているか? また、防災について何か家族で備えをしているか?

③集めた情報を整理・分析するとともに、地域の防災意識を高めるためにできることを話し合う（2時間）

地域の過去の災害や危険箇所、人々の防災意識について調査したことを整理・分析すると、概ね次のような問題点が浮かび上がります。

> 災害はいつ起こるかわからない。実際に自分たちの地域でも、何年かに一度、地震や集中豪雨など、様々な災害が起きている。にもかかわらず、全体的に防災に関する意識が低く、普段から備えをしている人（特に子ども）は少ない。

この問題意識を基に、自分たちにできることを話し合います。様々なアイデアが出ると思いますが、ここはぜひ、みんなで防災フェスタを開くことを計画してみましょう。

④「防災フェスタ」開催に向けて、アイデアを出し合うとともに、グループに分かれて準備を進める（6時間）

体育館などの広い会場を使い、全校児童や保護者、地域の方を招待しての防災フェスタ開催を計画します。まずは、どのようなコーナーを設けるとよいか、自由にアイデアを出し合う時間を設けます。他地域の防災フェスタに関する情報をインターネットで集め、参考にしてもよいと思います。過去に実践した際は、次のようなアイデアが出されました。

・ポスターセッション（地域の過去の災害や対策などを紹介する）
・防災マップ（地域の危険箇所や避難場所、避難経路を紹介する）
・防災グッズ紹介コーナー（身近な材料でつくる防災グッズを紹介する）
・防災グッズ作成体験コーナー（参加者に防災グッズ作成を体験してもらう）
・クイズコーナー（防災に関わるクイズを出し、参加者に答えてもらう）
※受付でカードを配り、それぞれのコーナーでスタンプを押す。すべてのコーナーを回り終えると、帰り際に記念品（手づくり）がもらえる。

だれが、どのコーナーを担当するかについては、子どもたちに自己選択・自己決定を促します。また、自分の担当するコーナーを充実させるために、再度図書資料やインターネットで情報を集めるなど、本番に向けて計画的に準備を進めます。

⑤防災フェスタのリハーサルを行い、改善すべき点を話し合う（2時間）

防災フェスタ本番1～2週間前に、一度リハーサルを行うことをおすすめします。リハーサルの対象は、異学年（例えば6年生）や校長先生、教頭先生などにお願いするとよいでしょう。本番を想定して行い、終了後に、改善すべき点を伝えてもらいます。「ポスターセッションの説明が少し聞き取りづらかった」「防災グッズコーナーはもっと種類を増やした方がよい」といったアドバイスを受け、残りの1～2週間でさらによいものに改善させていきます。意図的に壁（困難）を設け、自分の力で乗り越えさせる。探究的な学びで特に大切にしたいポイントです。

⑥校内の異学年児童や地域、保護者の方を招待して、防災フェスタを開催する（2時間）

いよいよ防災フェスタ本番。学校の規模にもよりますが、比較的小規模な学校であれば一度に全校の子どもを、大規模な学校であれば何回かに分けて特定の学年の子どもを招待することも考えられます。授業参観を兼ねて、保護者や地域の方を招待するのもよいでしょう。地域の方については、学校運営協議会の方の協力を得て、幅広く声をかけていただき、参加者を募るとよいでしょう。

子どもたちはリハーサルを経験しているので、自信をもって防災フェスタを運営していきます。たとえうまくいかないことがあっても、それはそれで子どもたちの学びになると信じ、温かい気持ちで見守るようにしたいものです。

なお、出口にアンケートボックスを用意しておき、参加者にひと言コメントをいただくようにすれば、自動的に多くの人から評価をいただくことになります。肯定的評価が多ければ、後にそのアンケート結果を子どもたちに紹介することで、子どもたちの達成感・自己肯定感を高めることができます。

防災フェスタを開催する子どもたち

⑦活動を振り返るとともに、今後継続して地域の防災のために自分たちができることを話し合う（1時間）

はじめて知ったこと、自分たちができるようになったこと、お世話になった人などについて話し合い、最終的に単元全体の振り返りを書きます。その際、ぜひ今後継続して地域の防災のために自分たちができることについて話し合う機会をもちましょう。

評価のポイント

❶取材メモやワークシート、振り返り、その他の制作物を基に評価を行う

本単元では、過去の災害や防災について、地域での現地調査、図書資料やインターネット、アンケートなどを活用した調査活動が行われます。その際の取材メモやワークシート、日々の振り返りの記述などを基に、評価規準で示した項目について、適切に評価を行います。また、防災フェスタの開催に向けて、防災グッズやポスターセッション、プレゼンテーション、パンフレットなど、様々な制作物が生まれることが考えられます。個々の制作物に寄せた子どもたちの興味・関心、目のつけどころ、発想や気づきなどをしっかりと見取るようにしましょう。

❷相互評価・第三者評価を取り入れる

防災フェスタに向けた取組では、必ず本番前に、互いの学習状況を評価し合う相互評価の場を設けます。相互評価を取り入れることによって、今まで気がつかなかった自分の取組のよさや問題点に着目するようになります。このほか、防災フェスタでは、アンケート用紙への記入など、参加者による第三者評価も積極的に取り入れましょう。自分たちの取組が認められ、達成感や自己肯定感の高まりが期待できます。

5年　総合的な学習の時間＋社会科
「ニュース番組をつくろう」（20時間（総合的な学習の時間14時間、社会科6時間））

学校や地域のニュース番組をつくって発信し、全校に明るい話題を届けよう！

1　単元の概要

①目標

学校や地域の話題を全校に広めるために、学校や地域の出来事を取材したりニュース番組を制作したりすることを通して、ニュースを発信する方法について理解し、よりよい伝え方について考えるとともに、学んだことを学習や生活に生かそうとする。

②評価規準

【知識・技能】

・ニュース番組のつくり方を知り、それらが自分たちの生活と関わっていることを理解している。
・インタビューなどによる調査を、目的や場面に応じた方法で実施している。
・自分で情報を伝える意識と情報の重要性への認識の高まりは、探究的に学習してきたことの成果であると気づいている。

【思考・判断・表現】

・課題を設定し、解決に向けて自分たちにできることを見通している。
・学校や地域に関する情報を、方法を選択して収集するとともに、必要な情報を取捨選択したり関連づけたりしている。
・活動を通して学んだことを生かしながら、学校や地域の情報をまとめ、表現している。

【主体的に学習に取り組む態度】

・ニュース制作に関心をもち、自分の意思で探究的な学習に取り組もうとしている。
・友だちと協働して課題解決に取り組もうとしている。
・情報と自分たちの生活の関わりに気づき、正しい情報を進んで伝えようとしている。

③単元計画

①ニュース番組を視聴し、自分たちもニュース番組をつくってみたいという思いをもつ（1時間）
②様々な資料を活用したり地域の放送局に見学に行ったりして、ニュース番組がどのような仕組みでつくられるのかを学ぶ（社会科6時間）
③校内の先生方や家族、地域の方に聞き取りを行い、ニュースになりそうな情報（ネタ）を集める（1時間＋常時活動）
④制作会議を行い、だれが、どのニュースを担当するか役割分担を行う（1時間）

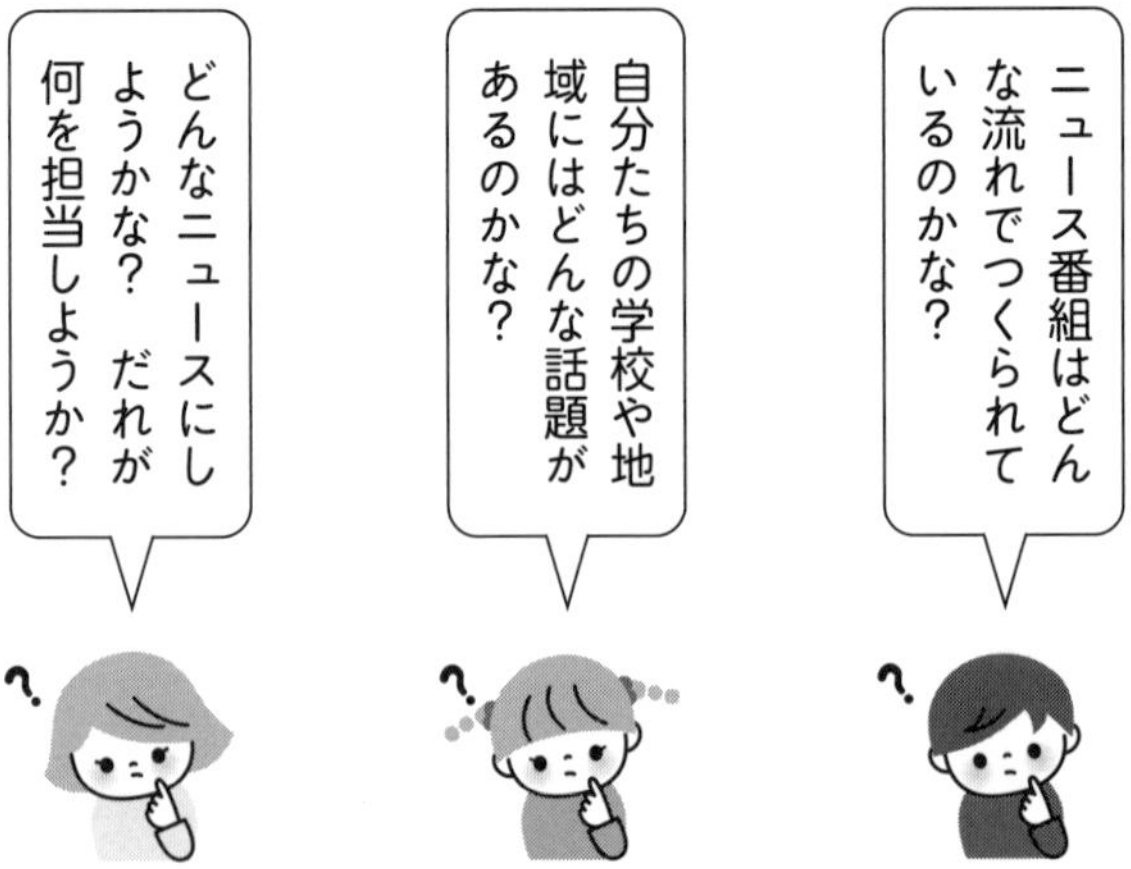
ニュース番組はどんな流れでつくられているのかな？
自分たちの学校や地域にはどんな話題があるのかな？
どんなニュースにしようかな？　だれが何を担当しようか？

⑤校内の異学年や先生方、地域の方に取材を行う（2時間＋常時活動）
⑥集めた情報を使って、自分の担当するニュースを編集する（4時間）
⑦ニュース番組の放送日に向けて、リハーサルを行う（1時間）
⑧校内放送や参観日などで、学校や地域のニュースを発信する（3時間）
⑨活動を振り返り、できるようになったことなどを話し合う（1時間）

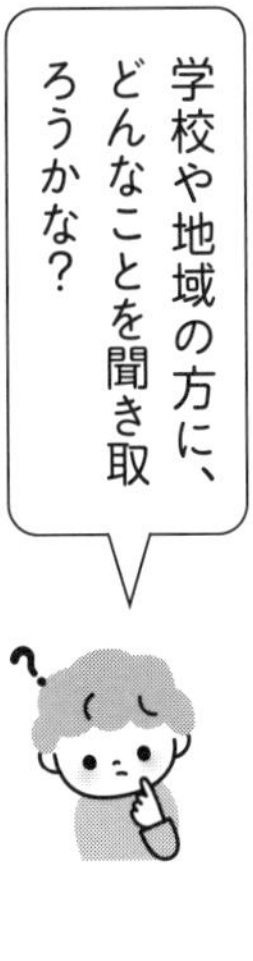
学校や地域の方に、どんなことを聞き取ろうかな？

どうやって編集すれば、よりわかりやすく伝わるかな？

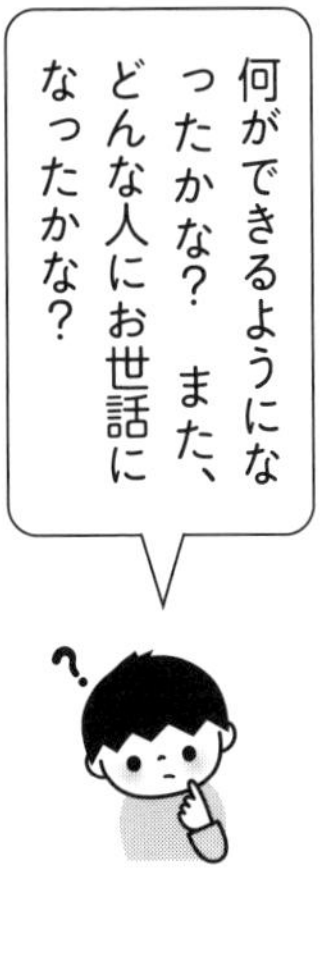
何ができるようになったかな？　また、どんな人にお世話になったかな？

2　探究的な学びのポイント

①ニュース番組をつくってみたいという子どもの思いを引き出す

本単元は、学校や地域の出来事などについて調べ、集めた情報を、デジタル機器を用いて編集し、ニュース番組として発信することをゴールとしています。

単元の冒頭では、様々なニュース番組を子どもたちに視聴させることからスタートします。政治や事件、世界情勢のような難しい内容ではなく、地域のちょっとした出来事を取り上げたローカルなニュース番組がおすすめです。「これなら自分たちもつくれそう」「つくってみたい」と思えるような番組を選ぶのがポイントです。

②社会科「情報」の学習との関連を図る

5年生の社会科では、情報の学習が位置づけられています。社会科で取り上げるメディアは、放送でも新聞でもどちらでもよいのですが、ここでは後のニュース番組づくりとの関連を図るため、放送（ニュース）を取り上げるようにしましょう。その際、もしも近くに民放やケーブルテレビなどの放送局があれば、見学に行く機会を設けることをおすすめします。ニュースがどのようにつくられるのか、またニュースをつくるコツは何かなど、後半の学習に生かすことができます。

③取材や動画編集に関するスキルを高める

取り上げるニュースは、学校もしくは地域（子どもたちが歩いて行ける近郊）の何気ない出来事で問題ありません。ある学年がこんな勉強をしている、休み時間にこんな遊びが流行っている、通学路にきれいな花が咲いている…など、ちょっとした話題で十分です。内容云々よりも、子どもたちが自分たちで見通しをもって取材を行い、集めた情報や映像などを使って、動画編集を行う過程を重視します。

取材で大切なのは、事前の準備です。インタビューを行う場合は、事前にアポイントメントを取る必要がありますし、ある程度聞きたいこと、撮影したい映像を決めておくことが大切です。動画編集については、この単元で編集の仕方を鍛えておけば、6年生になってからの学習にも大いに役立ちます。探究的な学びを進めつつ、今後必要となる様々なスキルを意図的に高めていきましょう。

3　単元展開

①ニュース番組を視聴し、自分たちもニュース番組をつくってみたいという思いをもつ（1時間）

単元の導入では、様々なニュース番組を視聴することから始めます。取り上げるニュースは、政治や事件のようなものではなく、ローカルな内容を選択します。幸い、最近ではインターネット上でもニュースが視聴できるので、それらを教材とする方法もあります。

ニュースを見た後は、「どう、みんなも自分たちでニュース番組をつくってみませんか？」と投げかけます。導入としてはこれで十分です。

「おもしろそうだけど、どうやってニュース番組をつくるのですか？」

「そもそも何をニュースにするのですか？」

子どもたちからこのような声が上がるので、「まずは社会科の学習で、ニュースの役割やつくり方などを学んでいこうか。その後で、どんなニュースをつくるか考えていこうね」と展開します。

②様々な資料を活用したり地域の放送局に見学に行ったりして、ニュース番組がどのような仕組みでつくられるのかを学ぶ（社会科6時間）

地域のケーブルテレビ局を見学する子どもたちの様子

5年生の社会科では「情報」の学習が位置づけられています。教科書の資料やそのほかの図書資料、インターネットなどを活用しながら、ニュースの役割やニュースのつくり方などについて学びます。私が実践した際は、幸い同じ市内にケーブルテレビ局があったので、社会見学としてテレビ局を訪問し、ニュース番組のつくり方（取材の仕方、編集の仕方など）を教えていただきました。

③校内の先生方や家族、地域の方に聞き取りを行い、ニュースになりそうな情報（ネタ）を集める（1時間＋常時活動）

ニュース番組づくりで大切なことは、どのような話題（ネタ）があるのかを下調べすることです。休み時間に異学年の子どもたちや先生方のもとを分担して訪れ、「最近あった明るい話題」「今クラスで取り組んでいること」などについて、事前調査を行いました。

④制作会議を行い、だれが、どのニュースを担当するか役割分担を行う（1時間）

話題（ネタ）が集まったところで、いよいよ制作会議です。どのニュースを取り上げるか、また自分はどのニュースを中心に取材したいかを話し合いました。最終的に、3人ペアで1つのニュースを扱うことになりました。3人にした理由は、取材の際に、少なくともインタビュアー、カメラマン、記録者が必要だからです。もちろんそれ以上の人数でも問題ありませんが、あまり多過ぎると個々の役割が少なくなるので、3～4人ぐらいが適切と考えます。

⑤校内の異学年や先生方、地域の方に取材を行う（2時間＋常時活動）

担当が決まったら、さっそく取材に出発です。ここで大切なのが、きちんと自分たちでアポイントメントを取るということです。つまり、突撃取材ではなく、事前に一度取材対象となる異学年や先生、地域の方と連携を図り、いつ、どこで、どのようなことを聞くのか、またインタビューの様子などを撮影しても問題ないかを確認するのです。校内の異学年や先生であれば、休み時間に取材の時間を確保してもらうのが最適でしょう。地域の方であれば、子ども自身が電話連絡を行い、取材日や取材内容を伝えるのが理想的です。

取材日になると、タブレット端末を手にした子どもたちが、張り切って取材対象のもとに向かう姿が見られました。事前に考えておいた内容で質問を行い、その様子を動画に収めていました。なお、授業中に取り組んだ内容については、さすがに子どもたちが直接取材を行うのが難しいため、担任の先生に、映像提供の依頼を行うように助言しました。

⑥集めた情報を使って、自分の担当するニュースを編集する（4時間）

動画編集をする子どもの様子

情報が集まったところで、いよいよ動画編集です。映像にナレーションを加え、重要な言葉にはテロップ（字幕）を表示します。最後は、ニュースに合うＢＧＭ（動画編集ソフトに内蔵されているものを使用）を加えます。制作中のニュース映像は、一度子ども同士で視聴し合い、よい点や改善点を指摘し合う場を設けました。

「ＢＧＭが大き過ぎてナレーションがよく聞こえない」
「字幕をもっと入れた方がわかりやすい」

指摘された点を修正し、ようやくニュース映像の完成です。

⑦ニュース番組の放送日に向けて、リハーサルを行う（1時間）

個々のニュース映像は事前に制作していますが、キャスターやコメンテーターが話す場面は、生放送で行うことになりました。キャスターやコメンテーターは、希望者がその役を務め、リハーサルを行いました。進行の流れを確認し、いよいよ本番です。

⑧校内放送や参観日などで、学校や地域のニュースを発信する（3時間）

参観日にニュースを発表する
子どもたちの様子

ニュース番組の発表は全部で3回行います。1回目は、給食時間の校内放送（勤務校では、放送室から発信した映像が各教室の電子黒板に映し出されるように設定しています）。2回目は、参観日。3回目は、学校運営協議会の方に集まっていただき、学校や地域のニュースを発信しました。どれも大成功で、大きな反響があり、子どもたちは達成感を味わうことができました。

次時（⑨）には、自分たちの活動を振り返り、できるようになったことなどを話し合って学習を終えました。

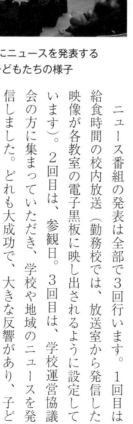

評価のポイント

❶取材メモやワークシート、振り返り、制作物を基に評価を行う

本単元のゴールがニュース番組の制作であることから、最終的なニュース映像を中心に評価を行いがちですが、重要視すべきは、その過程であると考えます。評価規準に示した項目について、まずは取材メモやワークシート、振り返りなどを中心に評価を行いましょう。特に、日々の振り返りは子どもの成長を見取るうえで非常に有効ですので、毎時間必ず書く機会を設けるようにします。それらに加え、完成したニュース映像を基に、子どもたちの表現力の高まりなどについて適切に評価を行います。

❷相互評価、第三者評価を取り入れる

グループごとに編集したニュース映像を互いに視聴し合い、よい点や改善すべき点を指摘し合う場を設けます。友だちからの指摘を通して、よりよい表現の仕方について考えを深めたり、それまで気がつかなかった自分自身のよさに気づいたりすることができます。また、ニュースを発信した後は、アンケートなどを実施し、異学年や先生方から感想を書いてもらう機会を設けましょう。報道を通して全校に明るい話題を届けたいという自分たちのビジョンが達成できたかどうか、子どもたち自身に評価を促すことが大切です。

5年　総合的な学習の時間＋家庭科
「ふるさと弁当を開発しよう」（28時間）

ふるさとの食に関わる特産物を調べて、ご当地弁当を開発しよう！

1　単元の概要

①目標

地域の名産品を増やしたいという思いから、地域の特産物について調べたり、地域の特産物を使った商品を開発して発信したりする活動を通して、地域の特産物のよさに気づき、地域の在り方について考え、地域の一員として進んで行動しようとする。

②評価規準

【知識・技能】

・地域には自然を生かして生産される特産物があることを理解している。
・相手意識や目的意識を明確にしながら調べたりまとめたりする方法がわかっている。
・特産物と自分たちの生活に関連があることの理解は、探究的に学習してきたことの成果であると気づいている。

【思考・判断・表現】

・課題解決に向けて、自分たちにできることを考えている。
・必要な情報を、手段を選択して収集している。また、それらの情報を取捨選択したり関連づけたりしながら、解決に向けて考えている。
・伝える相手や目的に応じて自分の考えをまとめ、表現している。

【主体的に学習に取り組む態度】

・活動を通して、自分と地域との関わりを見直そうとしている。
・活動の中で得た知識や友だち、地域の方の考えを生かしながら、協働して課題解決に取り組もうとしている。
・課題解決に向けた自分の取組や状況を振り返り、粘り強く取り組もうとしている。

③単元計画

①様々な地域のご当地弁当の写真を見て、自分たちの地域の特産物（食材）を生かした弁当を開発したいという思いをもつ（1時間）

②図書資料やインターネット、現地調査、聞き取り調査などの方法で、地域の特産物（食材）について調べる（6時間）

③集めた情報を食材マップなどに整理する（2時間）

④全国のご当地弁当に関する情報を集めて分析し、その特徴をつかむ（2時間）

全国にはいろいろな弁当があるね。どんなものがつくれるかな？

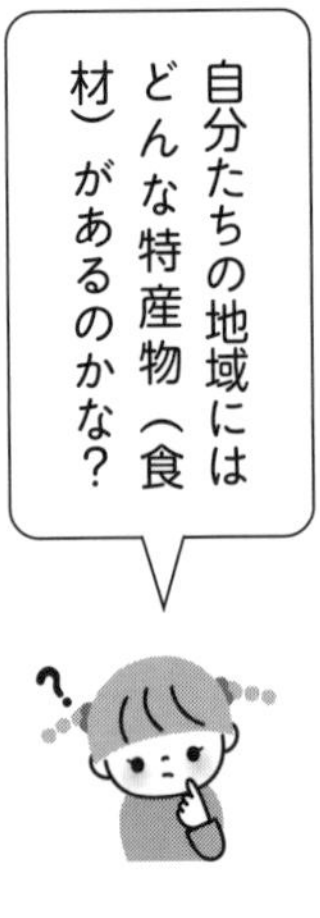
自分たちの地域にはどんな特産物（食材）があるのかな？

地域の特産物（食材）についてどんなことがわかったかな？

⑤具材を考えたり試作を重ねたりして、ふるさとのお弁当を考案する（6時間）

⑥弁当を広めるためのアイデアを出し合うとともに、グループに分かれて準備を進める（6時間）

⑦保護者や地域の方を学校に招待し、ふるさと弁当完成披露会を開催する（4時間）

⑧活動を振り返り、今後地域のために自分たちができることを話し合う（1時間）

地域の食材を生かしたどんな弁当を考えようかな？
考えた弁当をどうやっていろいろな人に広めようかな？
何ができるようになったかな？　また、どんな人にお世話になったかな？

2　探究的な学びのポイント

①子どもや地域の実態に応じて、学習モデルを選択する

本単元は、地域の特産物（食材）について調べ、その特産物をご当地弁当として多くの人に広めることをゴールとしています。

本単元のアプローチの方法は大きく分けて２つあります。１つは、単元の導入で地域を活性化する必要性を感じさせ、そのための取組として、弁当の開発を促す方法です。もう１つは、全国のご当地弁当の写真をいくつか提示する中で「おもしろそう！」「考えてみたい！」という思いをもたせる方法です。前者は「学校地域貢献型学習」、後者は「夢希望実現型学習」になります。本実践は、当時の子どもたちや地域の実態から後者を採用しましたが、先生方のクラスの子どもたちや地域の実態に合う方法を選択してください。

②無理して商品化しようとせず、実現可能なゴールを設定する

最も理想的な展開としては、子どもたちの弁当のアイデアが実社会で採用され、実際に

商品化されることでしょう。ですが、小学校の段階でそこまで高望みしなくてもよいと思います。実際に商品化しようとすると、様々な方に協力していただく必要がありますし、予算も莫大にかかります。何より、担任や学校にかかる労力は計り知れません。本単元は、あくまでも子どもたちが試行錯誤のうえに考えたアイデアを、地域や保護者、異学年の子どもたち、もしくはＳＮＳなどで不特定多数の方に紹介することで十分です。もちろん、可能であれば、市役所の観光課の方を招待し、アイデアを聞いてもらうという方法も考えられます。無理せず、実現可能な単元のゴールを目指しましょう。

③カリキュラム・マネジメントやＩＣＴ活用で無理なく授業を展開する

本単元の最も重要な場面は、弁当の試作とパッケージづくり、それらを踏まえた宣伝活動であると考えます。総合的な学習の時間のみで難しい場合は、調理に関しては家庭科、パッケージのデザインは図画工作科、パッケージの宣伝文句は国語科という具合に、カリキュラム・マネジメントを積極的に行うようにしましょう。また、パッケージや広告などの作成は、手書きだと非常に時間がかかるうえ、修正も困難です。１人１台端末をうまく活用して、子ども自身が修正を重ねながら取り組めるようにしましょう。

3　単元展開

①様々な地域のご当地弁当の写真を見て、自分たちの地域の特産物（食材）を生かした弁当を開発したいという思いをもつ（1時間）

単元の導入では、様々な地域のご当地弁当をいくつか紹介することから始めます。実物を手に入れるのは難しいので、インターネット上の写真を紹介することで、子どもたちに興味をもたせます。「一番食べてみたいものは？」「それぞれの工夫点は？」などと問いかけてもよいでしょう。そのうえで、「みんなの町の特産物（食材）を使ってお弁当を考えられないかなぁ」とつぶやいてみましょう。たちまち子どもたちは、やる気になるはずです。そこで、まずはみんなで地域の特産物（食材）を調べることを計画します。

②図書資料やインターネット、現地調査、聞き取り調査などの方法で、地域の特産物（食材）について調べる（6時間）

子どもたちは、これまでに様々な方法で情報を集めることを経験しています。そこで、図書資料やインターネット、聞き取り調査などを通して、地域の特産物に関する情報を集めるように促します。もしも地域の方で、その特産物の生産に携わっている方がおられれば、その方のもとを訪れ、生産方法や生産量、生産に対する思いなどを聞き取りする方法も考えられます。

なお、その特産物が学校でも栽培可能なもの（野菜など）であれば、少し多めに単元の時間を確保し、実際に自分たちで育ててみるという方法もあります。実際に過去に私が所属した学校の地域は、県内でも有数の米の生産地だったので、バケツ稲づくりでお米を収穫するという活動を計画しました。実際に育ててみることで、その特産物への愛着も一層増すものです。可能であれば、ぜひ取り組んでみてください。

③集めた情報を食材マップなどに整理する（2時間）

集めた情報は、一度マップなどを使って整理します。校区の地図に調べたことをメモした付箋を貼るだけで、どの地域でどんな食材をつくっているのか、ひと目でわかるようになります。特定の特産物に限定する場合は、生産量、生産方法、おすすめの調理法などの項目で、いったん表に整理しておけば、後半の活動に生かせます。

④全国のご当地弁当に関する情報を集めて分析し、その特徴をつかむ（2時間）

地域の特産物（食材）に関する情報が集まったところで、いよいよご当地弁当の開発に移ります。まずは、全国のご当地弁当に関する情報を集めることから始めるとよいでしょう。全国にはどのようなご当地弁当があるのか、またそれぞれどのような特徴があるのか、弁当の具材はもちろん、パッケージやネーミング、キャッチコピーのおもしろさなどにも着目して情報を集めるように促しましょう。個々で調べたご当地弁当を互いに紹介し合いながら、自分たちの弁当開発に向けてイメージを高めます。

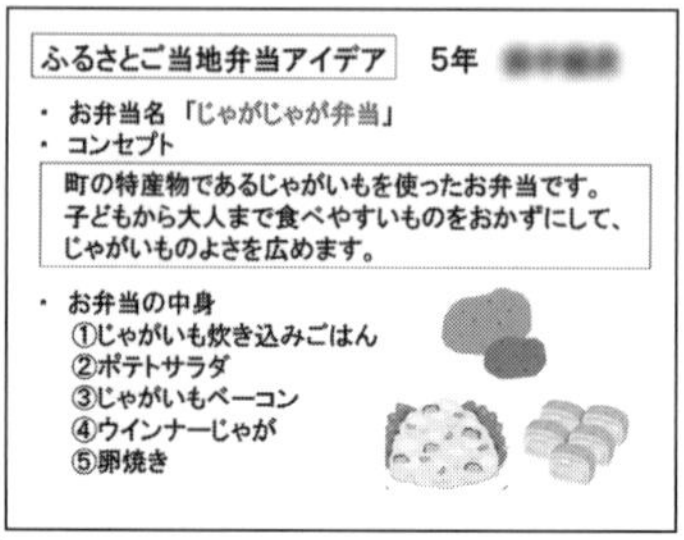

お弁当名やコンセプト，お弁当の中身などについてアイデアをまとめたプレゼン資料

⑤具材を考えたり試作を重ねたりして、ふるさとのお弁当を考案する（6時間）

ふるさとのご当地弁当を考案する過程は、大きく分けて2つあります。1つ目は、一人ひとりがお弁当を考案し、プレゼンテーションのうえ、投票で選ぶという方法です。2つ目は、グループで担当する食材を決め、1品ずつおかずを考えるという方法です。前者で

あれば、自分のアイデアを友だちにプレゼンする過程で、表現力を高めることが期待できます。後者であれば、グループで協働する場面が必然的に生まれ、協調性や協働性などが養われます。私は前者を選択しましたが、学級の実態や学校で育てたい資質・能力に応じて考えればよいと思います。

私が実践した際は、プレゼンテーション後に投票でアイデアを絞り込み、レシピを決定しました。レシピが決まったら、家庭科の調理実習の学習と兼ねて、実際に試作を行いました。個人ですべてのおかずをつくるのは大変なので、例えばじゃがいもが特産物の地域の場合、このグループはポテトサラダ、このグループはじゃがいもベーコン巻き…というように、分担して作業を行います。試作の段階から地域の食材が手に入れば言うことはありませんが、難しければ、ひとまずスーパーなどで購入したもので問題ありません。ただし、小学校の段階では、生肉や生魚の使用は控えるように定められているので、それらを使わなくてよいレシピになるように計画しましょう。

試作したものは、校内の先生方にも試食していただき、味つけや見た目などで評価していただきます。厳しい評価を受けた場合は、必要に応じてつくり方を変える、もしくはレシピそのものを変えるというように、自分たちで工夫・改善するように促します。

⑥弁当を広めるためのアイデアを出し合うとともに、グループに分かれて準備を進める（6時間）

ある程度お弁当の目処が立ったところで、今度はそのお弁当をどのように広めるかを話し合います。ここで、④で集めた全国のご当地弁当の調査が生きてきます。

「地域の写真などをパッケージに取り入れるとよいと思います」

「全国のお弁当のように、そのパッケージにキャッチコピーを入れるとよいのでは？」

「お弁当にチラシをつけて、特産物の説明を書いて読んでもらうのはどうかなぁ」

「おかずのつくり方をレシピにして配りましょう」

「お弁当のコマーシャル動画をつくって、学校のＳＮＳで発信しようよ」

「地域の方を招待してお弁当完成の会を開き、プレゼンテーション発表しましょう」

子どもたちから次々とアイデアが出てくるので、それらの中から実際に取り組むものを決め、パッケージ部、チラシ部、コマーシャル部、プレゼンテーション部など、細かく仕事を分担します。基本的には、一人ひとりがやってみたいと思う内容の仕事を自己選択・自己決定すればよいでしょう。

なお、基本的にほとんどの作業は１人１台端末を利用して作成を行います。できた成果物は、互いに付箋を用いて評価し合う場を設け、よい点や改善すべき点をどんどん指摘し合います。当初の目的である、地域の特産物をＰＲすることができているかどうか、可能であれば他の先生方にも教室に来ていただき、指摘してもらうようにしましょう。

⑦保護者や地域の方を学校に招待し、ふるさと弁当完成披露会を開催する（4時間）

ふるさと弁当完成披露会に向けて
準備を進める子どもたちの様子

完成披露会当日は、朝から子どもたちは大忙しです。自分たちで考えたおかずをグループで分担して調理します。保護者や地域の方全員分のお弁当をつくるのは大変なので、私が実践した際は、完成形は披露するための１つにして、あとはおかずを小分けカップに少しずつ入れ、試食していただきました。

お弁当完成披露会

1　はじめの言葉

2　プレゼンテーション

・地域の特産物の紹介

（歴史，生産者など）

・お弁当の紹介

（具材，つくり方など）

・コマーシャル紹介

3　試食会

4　おわりの言葉

（お礼）

完成披露会のプログラムは、上のようにしました。プレゼンテーションでは、子どもたちが自分たちの調べた特産物（食材）のよさや自分たちが考案したご当地弁当について一生懸命説明を行いました。また、試食会では保護者や地域の方から「おいしい！」「よくできている！」などのおほめの言葉をいただき、とても満足そうな表情を浮かべていました。

⑧活動を振り返り、今後地域のために自分たちができることを話し合う（1時間）

最後の1時間は、まずお弁当披露会で記入していただいた保護者や地域の方のコメントを読み合いました。子どもたちのがんばりを評価していただくコメントばかりだったので、子どもたちは大きな満足感、達成感を味わうことができました。これらを基に、「はじめて知ったこと」「できるようになったこと」「今後地域のためにやってみたいこと」を自由に交流し合い、最後は感想をまとめて単元を終えました。

評価のポイント

❶取材メモやワークシート、プレゼンテーション、振り返りを基に評価を行う

ふるさとの特産物を生かしたお弁当の開発に向けて、子どもたちは特産物の生産に関わっておられる方に取材したり、自分のアイデアをまとめてプレゼンテーションしたりします。評価規準で示した項目について、まずは取材で集めた情報を記されている取材メモや、情報を整理したワークシートなどを基に評価を行います。さらに、本単元で最も重点的に評価を行うべきなのが、自分の考えたお弁当のアイデアを友だちに伝える際のプレゼンテーションです。情報のまとめ方、伝え方はもちろんですが、この他にも、地域の特産物を広めたいという思いが深まっているかどうかをしっかり見取っていきましょう。

❷相互評価、第三者評価を取り入れる

構想段階で個々のアイデアを伝え合う場面では、お互いのアイデアのよさや改善すべき点などを指摘し合う相互評価の場を設けます。さらに、ふるさと弁当完成試食会では、参加してくださった保護者や地域の方、校内の先生方からも、アンケート用紙への記入などを通して、批評していただくようにします。第三者評価をしっかりと取り入れることで、自分たちのアイデアのよさや改善すべき点を子どもたちが自覚できるようにします。

6年　総合的な学習の時間
「ぼくらの町の歴史資料館づくり」（33時間）

自分たちの町の歴史について調べ、歴史資料館をオープンしよう！

1　単元の概要

①目標

地域の歴史を伝承するために、地域の歴史や文化遺産などについて調べることを通して、地域には様々な歴史や文化遺産があることを理解し、地域の在り方について考え、地域の一員として進んで行動しようとする。

②評価規準

【知識・技能】

・地域には様々な歴史や文化遺産があることを理解している。
・相手意識や目的意識を明確にしながら調べたりまとめたりする方法がわかっている。
・地域の歴史や文化遺産と自分たちに関連があることの理解は、探究的に学習してきたことの成果であると気づいている。

【思考・判断・表現】

・課題解決に向けて、自分たちにできることを考えている。
・必要な情報を、手段を選択して収集している。また、それらの情報を取捨選択したり関連づけたりしながら、解決に向けて考えている。
・伝える相手や目的に応じて自分の考えをまとめ、表現している。

【主体的に学習に取り組む態度】

・活動を通して、自分と地域との関わりを見直そうとしている。
・活動の中で得た知識や友だち、地域の方の考えを生かしながら、協働して課題解決に取り組もうとしている。
・課題解決に向けた自分の取組や状況を振り返り、粘り強く取り組もうとしている。

③単元計画

①他地域の歴史的建造物や歴史上の人物の写真を見て、自分たちも町の歴史や文化遺産を調べたいという思いをもつ（1時間）
②どのような方法で町の歴史を調べるか、計画を立てる（1時間）
③図書資料、インターネット、現地調査（歴史探検）、聞き取り調査など、様々な方法で地域の歴史に関する情報を集める（10時間）
④集めた情報を整理し、時代ごとに内容を分類する（2時間）

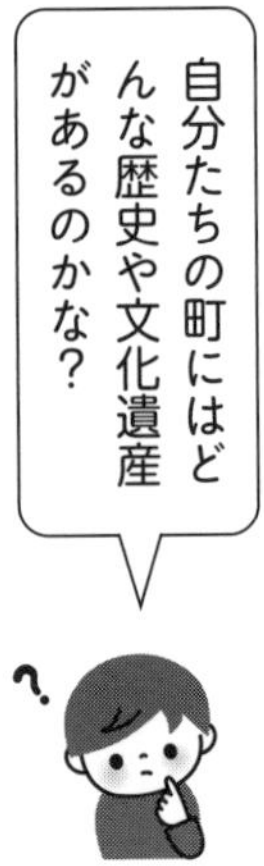
自分たちの町にはどんな歴史や文化遺産があるのかな？

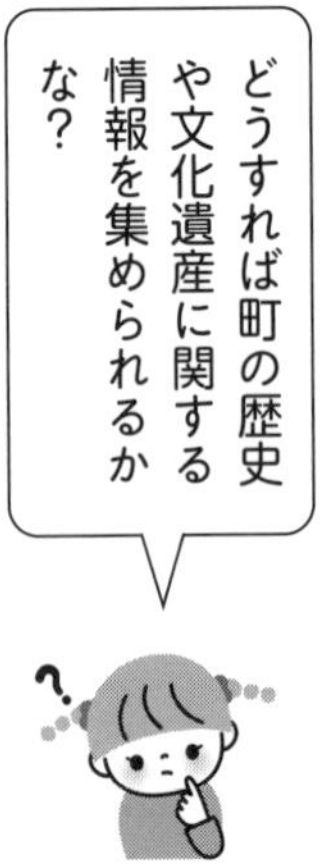
どうすれば町の歴史や文化遺産に関する情報を集められるかな？

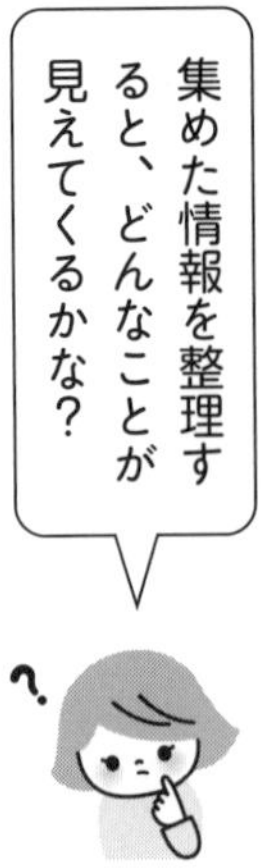
集めた情報を整理すると、どんなことが見えてくるかな？

⑤調べたことをどのような方法でまとめ・表現するか話し合う（1時間）

⑥歴史資料館オープンに向けて、ポスター班、パンフレット班、歴史番組班など、分担して作業を進める（10時間）

⑦自分たちの資料館に足りないものを話し合い、資料館をさらに改善する（5時間）

⑧歴史資料館をオープンし、来館者に案内する（2時間）

⑨活動を振り返る（1時間）

どんな方法で集めた情報をいろいろな人に伝えようかな？
自分たちの歴史資料館、いったい何が足りないのだろう？
何ができるようになったかな？ どんな人にお世話になったかな？

2　探究的な学びのポイント

①地域の歴史や文化財、歴史上の人物などについて調べたいという思いをもたせる

地域の歴史や文化資源を教材とする場合、元々歴史に興味がある子は問題ないのですが、そうでない子に関しては、何かしらのきっかけを与えて、「おもしろそう」「やってみたい」と思えるような工夫が必要です。おすすめなのは、他地域の文化遺産や歴史上の人物の写真を提示し、「自分たちの町にはどんな歴史秘話があるのか？」という問いをもたせる方法です。このほか、修学旅行で訪れた文化遺産を振り返りながら、自分たちの町に意識を向ける方法もあります。

②地域の歴史に詳しい方に協力を仰ぐ

図書資料やインターネットでも多少の情報を集められますが、やはり地域の歴史に関する情報を集めようと思ったら、現地調査や聞き取り調査に行くのがベストでしょう。元々子どもたちは校外学習が大好きです。地域の様々な場所にどんどん行ってみましょう。

　また、大体どの地域にも、その土地の歴史に詳しい方がいらっしゃいます。その方に協力を仰ぎながら、地域の歴史に関するおもしろい情報を数多く集めていきましょう。

③歴史資料館という大枠の中で、表現方法を自由に選択・決定する

　子どもたちに「どんな方法で調べたことを伝えていく?」と問えば、プレゼンテーション、ポスターセッション、歴史マップ、映像など、様々なアイデアが出てきます。その際、「他の町にはこんな歴史資料館があるんだよね」と言いながら、その資料館の写真やホームページなどを提示してみましょう。たちまち子どもたちは、「自分たちもこんな資料館を開きたい」と言い出すでしょう。校内に空き教室があればベストですが、ない場合は、自分たちの教室や体育館などを利用した開催も考えられます。自分が取り組んでみたい内容を選択・決定し、グループで協力しながら、そのコーナーの準備に取り組みます。

　一度完成と思われた資料館でも、よりたくさんの人に満足してもらうために、歴史カルタなどの遊びコーナー、お土産コーナーなど、どんどん子どもたちのアイデアでリニューアルしていきましょう。資料館が完成すると、異学年や保護者、地域の方などをどんどん招待し、地域の歴史を広めたいという子どもたちのビジョンの実現を目指します。

3　単元展開

①他地域の歴史的建造物や歴史上の人物の写真を見て、自分たちも町の歴史や文化遺産を調べたいという思いをもつ（1時間）

単元の導入では、「これは何の写真でしょう？」と言いながら、他地域の歴史的建造物やその地域にゆかりのある歴史上の人物の写真を提示します。「この前、旅行に行ってきたんだよね」と、先生ご自身の体験記を述べるのもよいですし、すでに修学旅行で様々な文化遺産を見学している子どもたちであれば、「ここ、どこだったかな？」という形で写真を提示していくのもよいと思います。

ある程度、他地域の歴史や文化遺産を紹介（確認）した後、「ところで、みんなの町にはどんな歴史があるの？」と投げかけてみましょう。「○○神社がある！」「△△という有名な武将がいたって聞いたことがある！」などと子どもたちは反応するはずです。ここでは、すでに知っている知識をある程度交流した後で、「地域の歴史についてみんなで調べてみませんか？」と、学習の大まかな方向性を示します。

②どのような方法で町の歴史を調べるか、計画を立てる（1時間）

学習の方向性が決まったら、次は、どのような方法で町の歴史を調べていくか、子どもたちと一緒に計画を練ります。図書資料やインターネットという方法もありますが、やはりここは、「歴史探検」と銘打って、現地調査を行うことを計画しましょう。町のどのあたりに行くか、何回ぐらい行くか、子どもたちと大まかな計画を立てます。この段階で、子どもたちから「〇〇さんという地域の歴史に詳しい人がいる！」という声が出れば、アポイントメントを取って、その方にガイド役をお願いするという方法も考えられます。

③図書資料、インターネット、現地調査（歴史探検）、聞き取り調査など、様々な方法で地域の歴史に関する情報を集める（10時間）

「〇〇神社はいつできたのだろう？」「〇〇寺の石像はいったいだれなのだろう？」「なぜこの地域は〇〇という地名なのだろう？」と、図書資料やインターネット、現地調査、聞き取り調査などの方法で、地域の歴史に関する情報を集めます。先述のように、地域の歴史に詳しい方がいれば、その方を学校にお招きしたり、現地調査のガイドをお願いしたりすることも考えられます。

④集めた情報を整理し、時代ごとに内容を分類する（2時間）

集めた情報は、第2章10節でも解説したように、表やチャート図などの思考ツールを使った整理を促します。テーマが歴史ですから、年表を使って、時代ごとにどんな出来事があったのかを整理する方法もおすすめです。

⑤調べたことをどのような方法でまとめ・表現するか話し合う（1時間）

ある程度情報が集まったら、今度はこれらの情報をどのような形でまとめ、表現していくかを話し合います。子どもたちは、これまでの学習経験から、プレゼンテーション発表、ポスターセッション、パンフレットなど、様々なアイデアを出すことが予想されます。

私の場合、アイデアが出尽くして、どの表現方法にするか迷う子どもたちに対し、「実はこの前、こんなところに行ったんだよね」と言いながら、他地域の歴史資料館の写真を提示しました。準備が難しければ、その資料館のホームページを紹介する形でもよいと思います。そのうえで「空き教室や体育館を使ってこんな感じで歴史資料館をオープンさせてみたらどうかな？　そうすれば、みんなのアイデアが一気に全部取り入れられると思うよ」と展開しました。

⑥歴史資料館オープンに向けて、ポスター班、パンフレット班、歴史番組班など、分担して作業を進める（10時間）

まずは、だれが何を担当するか、細かく分担することから始めます。私がこの単元を実施した際は、次のように役割を分担しました。

- ・ポスターセッション班（地域の歴史を解説するポスターを作成する）
- ・歴史マップ班（校区の地図に、歴史的建造物を書き込む）
- ・年表班（年代ごとに地域の歴史上の出来事をまとめる）
- ・歴史番組班（撮り溜めた写真や映像を使って番組を作成する）
- ・クイズコーナー班（地域の歴史に関するクイズを作成する）
- ・展示物制作班（地域の歴史に関するものの模型やミニチュアなどを作成する）

このように分担して作業を進めると、当然早く作業が終わる班と、なかなか終わらない班が出てきます。そこで、早く終わった班は、他の班のサポート（お手伝い）役に回るようにすれば、子どもたちが助け合いながら、協力して作業を進める姿が見られます。

⑦自分たちの資料館に足りないものを話し合い、資料館をさらに改善する（5時間）

資料館づくりが順調に進む中、ここで、子どもたちが「この資料館は本当に来館者を満足させられるものになっているのか？」という問いをもつように展開します。方法はいろいろですが、私が実際に行ったのは、校長先生と教頭先生をお試しで招待し、子どもたちのがんばりを評価してもらいつつ、「今ひとつ魅力が足りない」「他の資料館に行ったときのようなわくわく感がない」といった辛口のコメントを述べてもらうという方法です。

これらのコメントを聞いた子どもたちは、「自分たちの資料館に何が足りないのか？」という問いをもちます。そこで、実際の資料館の写真やウェブサイトを調べるように促してみましょう。

「そういえば、入り口に看板がない。中に入りたくなるように工夫しようよ」
「受付で館内の案内図とパンフレットを配ろうよ」
「ガイドをつくって館内を案内するのはどうだろう」
「お土産コーナーをつくって、手づくりの記念品を持って帰ってもらうのはどう？」

子どもたちから、こうした意見が次々と出てきました。そこで、オープンまでの限られた時間の中で、最後の仕上げとして、分担してこれらの作業に取り組みました。

校区の歴史マップ
写真をうまく使いながら，それぞれの寺社や史跡を解説する。

ポスター・実物模型
ポスターセッション用のポスターと等身大模型。等身大模型は子どもが演じている。

シアタールーム
子どもたちが制作した歴史番組を自由に視聴できるコーナー。

クイズコーナー
地域の歴史に関するクイズコーナー。パネルをめくると解答が見られるようになっている。

⑧歴史資料館をオープンし、来館者に案内する（2時間）

来館者の招待については、事前に国語科の学習で招待状を作成し、地域や保護者の方に配付することになりました。さらに、異学年の子どもたちも招待し、当日は大盛況でした。子どもたちのアイデアで、最後に感想を書いてポストに入れてもらうコーナーをつくりましたが、これも、自分たちの取組を客観的に評価してもらううえで、非常に有効でした。

歴史資料館でガイドをする子どもたちの様子

⑨活動を振り返る（1時間）

最後は、歴史資料館をオープンさせたときの写真や映像を基に、自分たちの取組について振り返り、感想を書かせました。また、当日来館してくださった方には、分担してお礼状を書きました。

評価のポイント

①取材メモやワークシート、プレゼンテーション、動画、振り返りなどを基に評価を行う

地域の歴史資料館のオープンに向けて、子どもたちは地域の歴史に詳しい方に取材したり、現地取材を行ったりします。また、歴史資料館づくりでは、歴史マップ、ポスターセッション、プレゼンテーション、映像制作など、様々な制作物が生まれることが期待できます。これらの取材メモやワークシート、成果物などを通して、評価規準に示した項目について評価を行います。理解が深まったか、情報収集やまとめ・表現などの方法が適切であるかはもちろん、一人ひとりが地域の歴史に誇りをもち、愛着が深まっているかなど、自分との関わりで地域を見つめ直そうとしている姿も、しっかりと見取っていきましょう。

②相互評価、第三者評価を取り入れる

歴史資料館のオープンに向けて、様々な制作物が生まれた際は、積極的に相互評価の機会をもつようにしましょう。お互いの制作物を評価し合うことで、自分の表現のよさや改善点に気づき、一層学びが深まります。この他、オープン前のリハーサルで異学年や先生方に評価をいただいたり、本番で地域の方に講評をいただいたりするなど、積極的に第三者評価の機会を設けることが大切です。

6年　総合的な学習の時間
「わたしの町のプロフェッショナルを伝えよう」（20時間）

自分たちの町のプロフェッショナルについて調べ、自分の未来について考えよう！

1　単元の概要

①目標

自己の将来について考えを深めるために、地域で働く様々な職業のプロフェッショナルについて調べることを通して、地域には様々な職業に携わる方がいることを理解し、自身の将来の在り方について考え、学んだことを学習や生活に生かそうとするようにする。

②評価規準

【知識・技能】
・地域には様々な職業に携わる方がいることを理解している。
・相手意識や目的意識を明確にしながら調べたりまとめたりする方法がわかっている。
・様々な職業に携わる方と自分の将来に関連があることの理解は、探究的に学習してきたことの成果であると気づいている。

【思考・判断・表現】
・課題解決に向けて、自分たちにできることを考えている。
・必要な情報を、手段を選択して収集している。また、それらの情報を取捨選択したり関連づけたりしながら、解決に向けて考えている。
・伝える相手や目的に応じて自分の考えをまとめ、表現している。

【主体的に学習に取り組む態度】
・活動を通して、自身の将来について考えようとしている。
・活動の中で得た知識や友だち、地域の方の考えを生かしながら、協働して課題解決に取り組もうとしている。
・課題解決に向けた自分の取組や状況を振り返り、粘り強く取り組もうとしている。

③単元計画

①様々な職業についての文章を読んだり映像を見たりして、地域にはどんなプロフェッショナルがいるかを想起する（1時間）

②地域のプロフェッショナルについて調査を行う計画を立てる（3時間）

③グループに分かれて、地域のプロフェッショナルを取材する（5時間）

④集めた情報を整理し、仕事内容・その仕事に就こうと思ったきっかけ・これまでの苦労などについて内容を分類する（2時間）

自分たちの町にはどんな職業の方がいるのかな？
だれの取材に行こうかな？　何を調査しようかな？
集めた情報を整理すると、どんなことが見えてくるかな？

⑤調べたことを基に、地域のプロフェッショナルのドキュメンタリー（番組もしくは作文）を作成する（6時間）

⑥ドキュメンタリー完成披露会を開催し、完成した映像（もしくは作文）を披露するとともに、将来に向けての自分の考えを発表する（2時間）

⑦学習を振り返り、様々な職業や将来の自分について考えたことをまとめる（1時間）

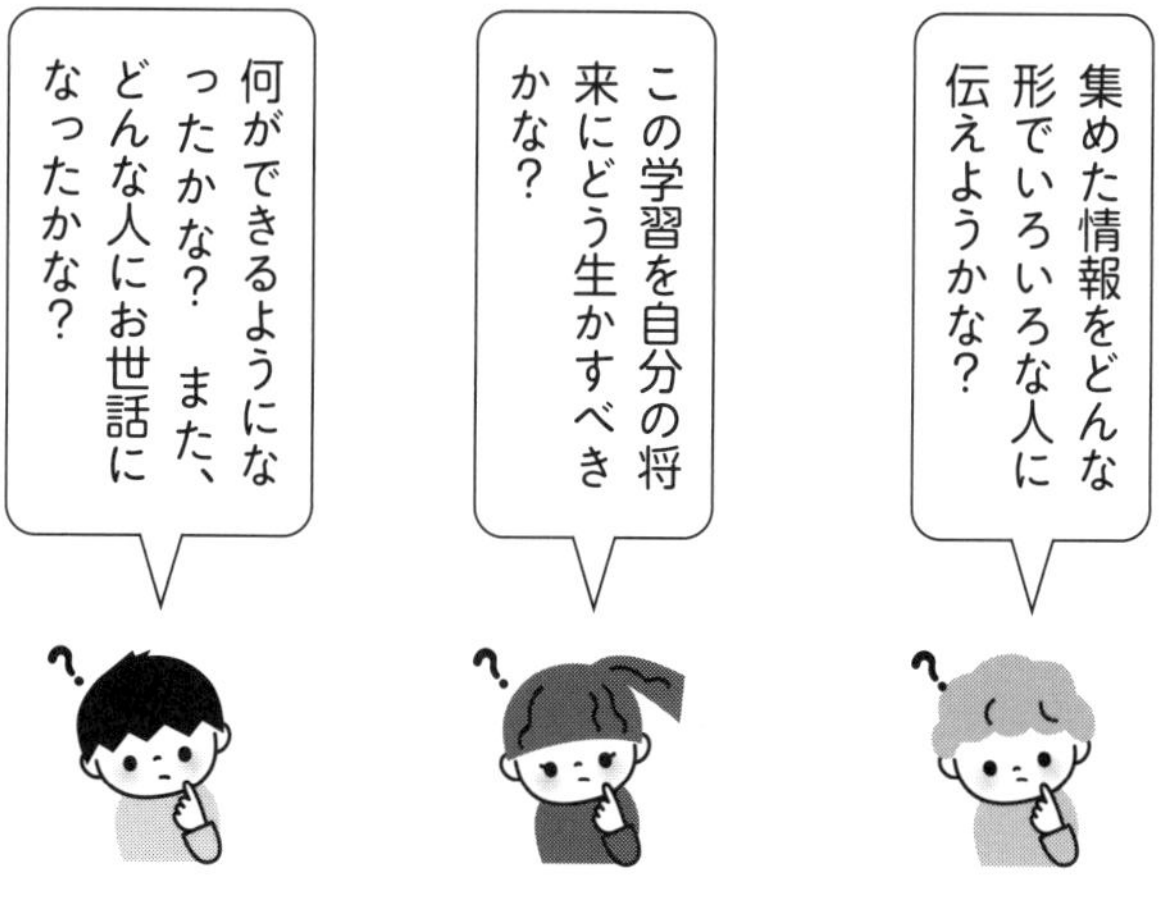
集めた情報をどんな形でいろいろな人に伝えようかな？
この学習を自分の将来にどう生かすべきかな？
何ができるようになったかな？　また、どんな人にお世話になったかな？

2　探究的な学びのポイント

①地域のプロフェッショナル（様々な職業の方）について調べたいという思いをもたせる

子どもたちはこれまでに、様々な学習活動を通して、地域の方と数多く触れ合っています。生活科では地域の農家の方から指導を受け、社会科や総合的な学習の時間には、地域の商店、様々な施設、寺社などに聞き取り調査を行っています。本単元は、自身の将来について考え始める6年生という時期を踏まえ、地域の様々な職業の方（プロフェッショナル）に取材を行い、仕事内容、仕事への思い、その仕事に就こうと思ったきっかけやこれまでの挫折や苦労などについての情報を集め、自身の将来を見つめながら、自分の調べたことや考えたことを発信することをゴールとしています。

単元の導入では、様々な職業人について紹介するドキュメンタリー（映像もしくは文章）を紹介することから始めます。そのうえで「みんなの町にはどんな職業のプロフェッショナルがいるかな？」と投げかけてみましょう。子どもたちから様々な意見が出るので、それらの人について取材を行う計画を立てます。

②グループに分かれて取材を行う

農業のプロフェッショナル、漁業のプロフェッショナル、ものづくりのプロフェッショナルなど、地域には様々な職業のプロフェッショナルがおられます。そういった方々に学校に来ていただくことも考えられますが、やはりおすすめは現地に赴き、仕事の様子を見せていただきながら行う取材です。教員が複数体制で臨める場合は、一度に分かれて取材を行うことも可能ですが、難しい場合は、全員でその方のもとを訪問し、担当の子がメインで聞き取りを行うという方法もあります。どうしても時数は増えてしまいますが、様々な職業の様子を生で見る経験は、決してむだにはなりません。

③ドキュメンタリー番組もしくは作文などで表現する

まとめ・表現の方法で最もおすすめなのは、ドキュメンタリー番組づくりです。仕事の様子や提供していただいた資料（写真など）に、ナレーションを加えながら、その方の仕事について解説するという構成です。もしも動画編集ソフトの環境が整っていれば、ぜひとも取り組んでみられることをおすすめします。難しければ、ドキュメンタリー作文やプレゼンテーションなどでの報告も代案として考えられます。

3 単元展開

①様々な職業についての文章を読んだり映像を見たりして、地域にはどんなプロフェッショナルがいるかを想起する（1時間）

単元の導入で何を行うかについては、ある程度単元のゴールをイメージしたうえで決定するようにします。2の「探究的な学びのポイント」でも触れたように、動画編集が可能な環境にある場合は、映像を視聴させます。おすすめは、NHK「プロフェッショナル仕事の流儀」です。難しい場合は、文章やプレゼンテーション発表でも問題ありません。その場合、令和2年度版の東京書籍の教科書に「プロフェッショナルたち」という教材があるのでそれを示すか、それも難しい場合は、書籍の一部を読み聞かせたり教師のプレゼンテーションを聞かせたりする方法を選択します。いずれにしても、単元のゴールを子どもたちがイメージできるように、ここでその具体を示すことが大切です。

その後、地域にはどんな職業の方がおられるかを想起させます。なかなか子どもたちから出ない場合は、これまでの学習で関わりの多かった方を想起させてみましょう。

②地域のプロフェッショナルについて調査を行う計画を立てる（3時間）

前時に想起した様々な職業の方の中から、だれを取材対象とするか、自己選択・自己決定を促します。ただし、どうしても取材は複数体制で臨む必要があることから、ある程度人数が集まるようにグループ分けします。過去、私は何度もこの単元を実施していますが、次のような方を子どもたちは選択していました。

○農業のプロフェッショナル（長年野菜づくりに携わっておられる農家）
○漁業のプロフェッショナル（地域で漁や養殖を行っておられる方）
○商業のプロフェッショナル（地域の商店の方）
○ものづくりのプロフェッショナル（伝統工芸品などのものづくり職人）
○飲食業のプロフェッショナル（地域で飲食店を経営されておられる方）

この他にも、美容師、呉服店、自動車整備士など、様々な職業の方を子どもたちは選択していました。なお、あまり取り上げる人が多過ぎると大変になるので、５〜６人程度が最適です。

取材対象が決まったら、次にどんな情報を入手する必要があるかを明確にしましょう。導入で提示した映像や文章などを再度提示し、「どんなことが取り上げられているか」という点で分析を行うように促します。そのうえで、次のような点について情報を集める必要があることに気づかせます。

取材内容（質問項目）

・どこで、どのような仕事を行っているのか（仕事内容）
・どうしてその仕事に就こうと思ったのか（きっかけ）
・これまでその仕事に関して最も大変だったことは何か（困難・挫折など）
・その仕事のやりがいは何か（うれしかった経験など）

必要な写真・映像など（必ず許可を得て撮影を行う）

・仕事場の様子の写真・映像（外観を含む）
・仕事の様子の写真・映像（難しい場合は提供してもらう）
・インタビューの様子の映像

地域の様々な方を訪問し，取材を行う子どもたちの様子

③グループに分かれて、地域のプロフェッショナルを取材する（5時間）

何度か取材の練習を教室で行い、そのうえで実際に地域に出向いて取材を行います。事前のアポイントメントも子どもたちが取ればベストですが、相手の仕事のご都合もあるので、直接交渉が難しい場合、教師がアポイントメントを取ります。

取材日は、デジタルカメラやタブレット端末をもち、グループごとに取材対象者のもとに出向きます。２の「探究的な学びのポイント」でも述べたように、教員が複数体制で臨めるならグループごとに、難しければ全員でその方のもとを訪問し、担当が中心に取材を行うようにします（後者の場合は、何日間かに分けての取材になるので、時数がもう少し必要になります）。

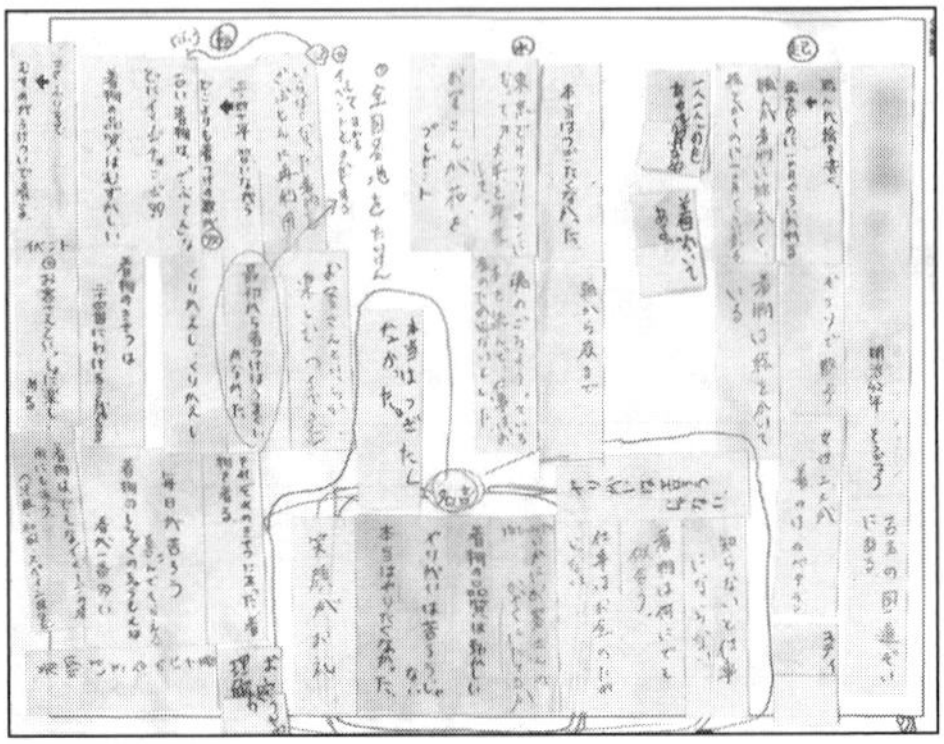

集めた情報を付箋で整理する

④集めた情報を整理し、仕事内容・その仕事に就こうと思ったきっかけ・これまでの苦労などについて内容を分類する（2時間）

私の経験上、一度の取材でかなり多くの情報が集まります。これらの情報を整理・分析する時間を設けましょう。おすすめは、付箋を使った分類法です。集めた情報を付箋に書き出し、項目ごとに分類します。その付箋を並べ替えるだけで、ある程度のシナリオが完成するでしょう。撮影した映像や預かった写真なども、すぐ使えるように整理を促します。

⑤調べたことを基に、地域のプロフェッショナルのドキュメンタリー（番組もしくは作文）を作成する（6時間）

私が実践した際は、動画編集ソフトが充実していたので、番組制作を行いました。映像のつなぎ合わせやナレーションの挿入、字幕やＢＧＭの挿入など、すべて子どもたちが主体となって行いました。もちろん、難しければ、作文形式やレポート形式、プレゼンテーション発表でも問題ありません。校内のＩＣＴ環境や子どもたちの実態に応じて展開してください。

左の例は、子どもたちが作成したドキュメンタリー作文で、地域の飲食店の方の仕事ぶり、考え方などを紹介しています。

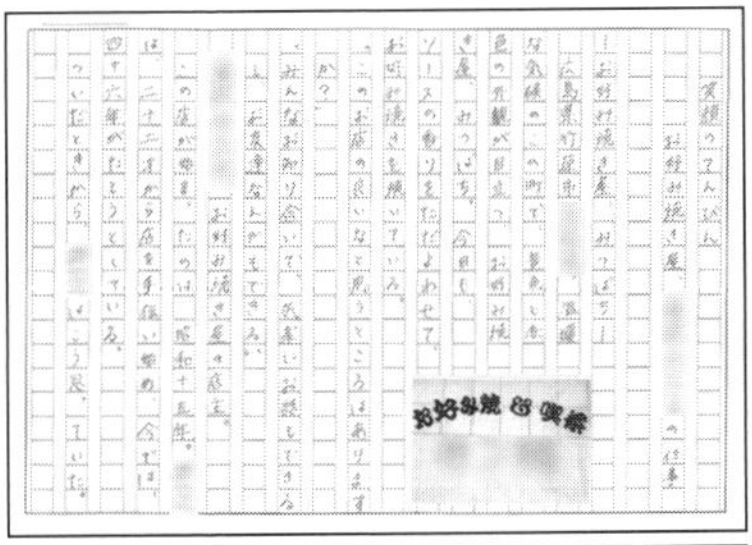

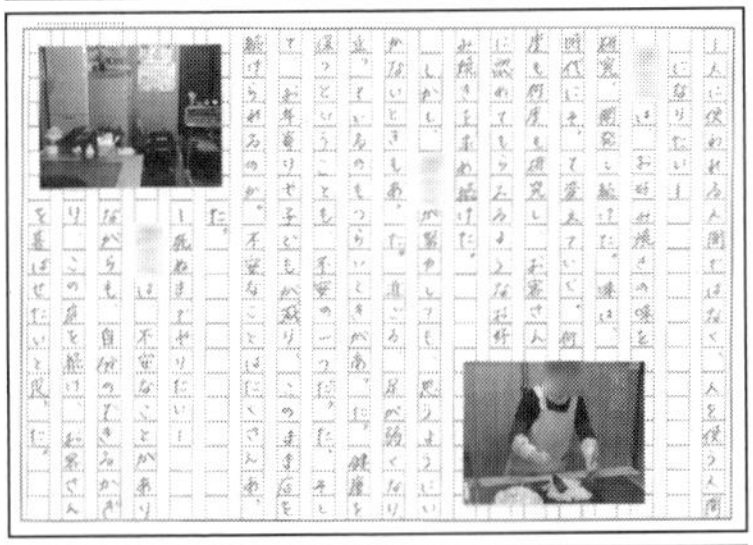

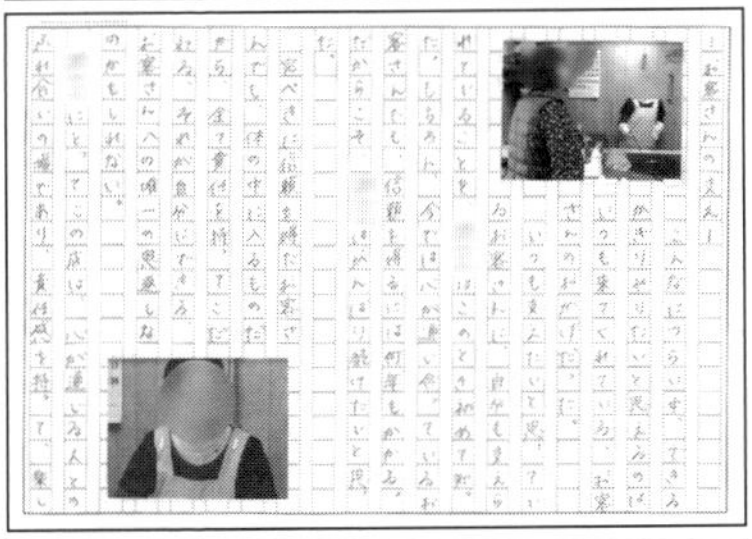

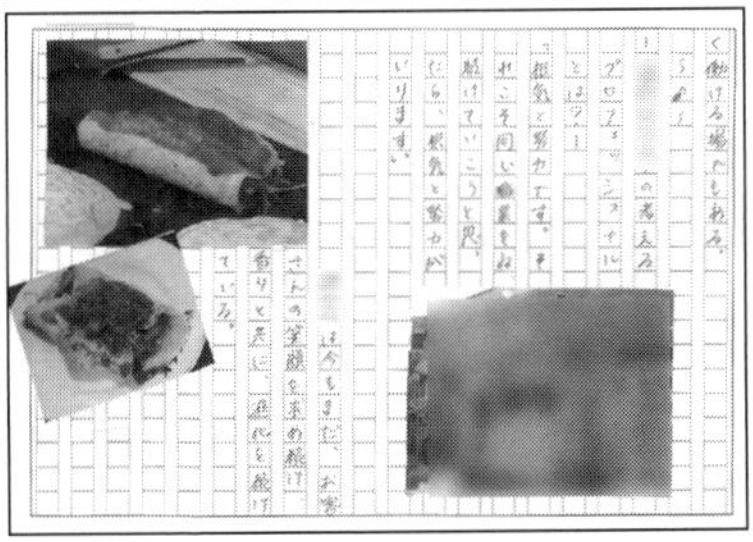

ドキュメンタリー完成披露会の様子

⑥ドキュメンタリー完成披露会を開催し、完成した映像（もしくは作文）を披露するとともに、将来に向けての自分の考えを発表する（2時間）

映像が完成すると、取材をさせていただいた地域の方をお招きしてのドキュメンタリー完成披露会を開催しました。映像を視聴していただくとともに、子どもたちが一人ひとり感謝の言葉と、仕事について考えたことを発表しました。地域の方に非常に喜んでいただき、温かい雰囲気の披露会になりました。

⑦学習を振り返り、様々な職業や将来の自分について考えたことをまとめる（1時間）

最後は学習を振り返り、考えたことを自由に記述する時間を設けました。

> わたしは、○○さん（地域のお好み焼き屋さん）のドキュメンタリー番組をつくりました。○○さんのお店には何度か行ったことがあったけど、仕事について話をしたことはなかったので、たくさんおどろいたことがありました。特に心に残ったのは、○○さんの「死ぬまでこの仕事をやりたい」という言葉です。自分の仕事を一生続けたいと思う強い気持ちがすごいと思いました。将来どんな仕事についても、わたしも○○さんのようにがんばりたいと思います。

評価のポイント

❶取材メモやワークシート、プレゼンテーション、動画、振り返りなどを基に評価を行う

本単元では、地域の様々な職業の方（プロフェッショナル）を取材したり、映像もしくは作文、プレゼンテーションなどの方法で調べたことをまとめ・表現したりします。これらの取材メモやワークシート、成果物などを通して、評価規準に示した項目について評価を行います。グループ活動がメインになるため、全員の活動の様子を直接見取ることは難しいでしょう。そこで、個々の理解が深まったか、情報収集やまとめ・表現などの方法が適切であったかなどについては、振り返りの記述を中心に評価を行うようにしましょう。

❷自身の将来について考えを深めているかを見取る

本単元のゴールは、地域の様々な職業の方（プロフェッショナル）を調査、発表して終わりではありません。それらの取組を通して、自身の将来について考えるなど、望ましい職業観・勤労観を育てることが大切です。そのため、日々の振り返りでは、子どもたち一人ひとりの職業・勤労に対する考え方がどのように深まっているかをしっかり見取るようにします。最後の1時間に書く単元全体の振り返りからも、子どもたちの考えの深まりを確実に評価することが大切です。

おわりに

ここまで、「『探究的な学び』の授業デザイン」というテーマで解説を行ってきましたが、いかがだったでしょうか。先生方の日々の悩みを少しでも解決に向かわせるヒントがありましたでしょうか。先生方が担任されている学級や地域の実態に応じて、「この方法は使える！」と思われたものを、うまく取り入れていただければ幸いです。

本書の中で触れなかった部分ですが、子どもたちの探究心に火をつける一番の方法は、結局のところ、教師自身が日々探究することに尽きます。今後も、自分自身が探究することを怠らず、授業を通して目の前の子どもたちを輝かせていきたいと思っています。

終わりになりましたが、一公立学校の教員である私に、このような執筆機会を与えてくださった明治図書出版の皆様に心より感謝申し上げます。本当にありがとうございました。

２０２４年８月

有松浩司

【著者紹介】

有松　浩司（ありまつ　こうじ）

1979年，広島県生まれ。2001年より教職に就く。広島県内の公立小学校教諭を経ながら，2008年に授業研究サークル「STORY」を発足。広島県内の熱意ある若手教員と共に，切磋琢磨しながら日々授業研究に励んでいる。現在は広島県竹原市立忠海学園（義務教育学校）教諭。主な研究教科は国語科と道徳科で，研究内容は国語教育，道徳教育，メディアリテラシー教育，ICTを活用した教育活動全般と，多岐に渡る。第31回道徳と特別活動の教育研究賞で文部科学大臣賞・最優秀賞，第68回読売教育賞で最優秀賞を受賞。

著書に，『学級ギアアップ　２学期からのクラスづくり』（単著，明治図書，2023），『自治的なクラス，進んで動く子どもが育つ学級システム大全』（単著，明治図書，2023），『国語板書スタンダード＆アドバンス』（単著，明治図書，2022），『道徳板書スタンダード＆アドバンス』（単著，明治図書，2020），『小学校道徳指導スキル大全』（共著，明治図書，2019）など。

小学校　「探究的な学び」の授業デザイン

2024年９月初版第１刷刊　©著　者　有　松　浩　司
2025年８月初版第２刷刊　発行者　藤　原　光　政
発行所　明治図書出版株式会社
http://www.meijitosho.co.jp
（企画）矢口郁雄（校正）大内奈々子
〒114-0023　東京都北区滝野川7-46-1
振替00160-5-151318　電話03(5907)6701
ご注文窓口　電話03(5907)6668

＊検印省略　組版所　藤　原　印　刷　株　式　会　社

Printed in Japan　ISBN978-4-18-444024-1

授業についてハウツーより
深いことを知りたい人が読む本

大前 暁政
［著］

「教師主導 or 子ども主体を抜け出すカギは、『動的平衡』」「疑問や調べたいことは、簡単には見つからない」「『いいとこ取り』は、悪いことではない」等、大学でも研修でも教わらない、授業力を持続的に向上させていくための 42 の知見を紹介。

272 ページ／四六判／定価 2,596 円(10%税込)／図書番号:3123

明治図書　携帯・スマートフォンからは **明治図書 ONLINE へ** 書籍の検索、注文ができます。▶▶▶

http://www.meijitosho.co.jp　＊4桁の図書番号で、HP、携帯での検索・注文が簡単に行えます。

〒114－0023　東京都北区滝野川 7－46－1　ご注文窓口　TEL 03－5907－6668　FAX 050－3156－2790